JN114205

杉原保史 監修

宮田智基・畑中千紘・樋口隆弘 編著

SNSカウンセリング・ケースブック

事例で学ぶ支援の方法

SNS COUNSELING

誠信書房

はじめに

　SNSカウンセリングは，今，急速に社会に広がりつつあります。いじめ相談，児童虐待や子育ての相談，自殺予防相談，メンタルヘルス相談，女性相談，働く人の悩み相談，性的マイノリティのための相談，災害時の心のケアなど，これまで対面や電話で行われてきた相談の多くが，SNSでも行われるようになりつつあります。そして，そうしたSNSによる相談事業の多くにおいて，従来の方法による相談の件数をはるかに超える相談が寄せられています。従来のどの形態の相談よりも敷居が低いのです。

　大量に寄せられる相談に応えるためには，多くの相談員が必要です。全国各地の相談現場で，SNS相談員が新たに求められています。SNS相談員の養成は，現在，喫緊の課題となっているのです。

　これまでの経験から，SNSカウンセリングには，対面とも電話とも異なる，SNSというコミュニケーション様式に特有のさまざまな特徴があることがわかっています。SNSを用いるからこそのメリットとデメリットがあり，独自の相談技術があるのです。ですから，対面や電話でのカウンセリングにおいて豊かな経験を持つカウンセラーも，SNSカウンセリングを行うにあたっては，SNSカウンセリングについてあらためて学ぶ必要があります。

　せっかくたくさんの人たちが相談してくれるようになっても，それに応える相談員が実力不足であれば，相談者の希望は挫かれ，せっかく開きかけた心の扉もいっそう固く閉ざされてしまうかもしれません。勇気を出して相談してくれた人たちの最初の一声にしっかり応え，信頼してもらい，困ったときにはまた相談しようと思ってもらい，いざとなればここに相談できるという希望を持ってもらうことが必要です。そのためには，SNS相談員がしっかりとした実力を備えている必要があります。

　相談員を養成するニードに応えるため，杉原と宮田は，関連する各方面の専門家や実践家の協力を得て，2019年にSNSカウンセラーに求められる基礎

知識をひととおり解説した，『SNSカウンセリング・ハンドブック』を上梓
しました。本書はこのハンドブックの姉妹本であり，その内容を補い，肉付
けするものです。本書は，具体的な相談事例の記述を通して，SNSカウンセ
リングの実際をリアルに伝えることを目指しています。ハンドブックでは十
分に伝えきれないSNSカウンセリングの多様な側面を描こうとするものです。

　本書は，相談事例の記述を中心に構成されています。ここで本書における
事例の性質について簡単に説明しておきましょう。

　対面や電話での相談は主に音声によってなされるため，その場限りで消え
ていきます。しかし，SNSカウンセリングは主に文字でなされるため，相談
者のスマートフォンにも，相談事業者のコンピューターにも，やり取りのす
べてがそのまま残ります。どんな相談があったのかを人に伝えるために，相
談員が記憶を頼りに文章を書いて再現する必要はありません。相談のやり取
りのすべてがそのまま文字として残るのです。このことは，相談を人に伝え
たり，振り返って検討したり，科学的・学問的に研究したりすることを非常
に容易にします。これはSNSカウンセリングの重要な特徴のひとつだと言え
ます。

　とはいえ，本書のように不特定多数の読者に向けて公表される場で，相談
の中身をそのまま紹介することはできません。相談において，相談者のプラ
イバシーを大事にすることは，最も重要なことだからです。しかし，それと
同時に，相談現場で実際にどんなことが起きているのかを，この社会の多く
の人に広く知ってもらうことは，さまざまな意味でたいへん意義があること
です。相談の中身がすべて完全に秘匿されてしまうなら，どのような悩みが
寄せられているのかもはっきりとはわかりませんし，どのような対応がなさ
れているのかも，また，それがどのように有用なのかもわかりません。相談
員になろうと希望する人たちも，現場に入って自らの直接体験によって知る
まで，相談の実際を知ることができなくなります。

　それゆえ，相談者のプライバシーを守るよう慎重に工夫しながら，相談の
実際をお伝えすることが必要とされているのです。本書で紹介されている事
例はいずれも，相談者のプライバシーが守られるよう，特定のテーマに関し

て類似性がある複数の事例を再構成し，創作したものです。ただし，できる
だけ相談のリアリティを大事に，やり取りの本質的な流れを損なわないよう
に気をつけています。

　相談者の方々には，相談にあたっての注意として，相談サービスの質的向
上のため，また相談員の研修のため，そして研究のために，個人が特定され
ないようなかたちで相談内容を使用することがあることを事前に伝えていま
す。そのことを踏まえたうえでなお，本書を執筆するにあたって多くの相談
者の相談を参照させていただいたことに，感謝を表明します。勇気をもって
相談していただいたすべての相談者の方々に，この場を借りて，あらためて
お礼を申し上げます。

　本書において紹介されるSNSカウンセリングの性格について，もう一点，
説明しておきたいことがあります。それは，ひとくちにSNSカウンセリング
（あるいはSNS相談）と言っても，その中身には相当なヴァリエーションが
あるということです。SNSカウンセリングが社会のさまざまな方面に急速に
広がりを見せるなかで，その実践スタイルにはかなりの多様性が見られるよ
うになってきました。しかも，その多様性はますます拡大しつつあるように
見えます。

　そうした多様性のなかで，本書で扱っているSNSカウンセリングは，心理
カウンセリングの専門性を基礎としたものであるという特徴を持っていま
す。つまり，安心感のある関係を醸成するよう工夫した対話のなかで，相談
者の体験に穏やかで繊細な注意を向け，内面の探索へと誘い，相談者に新た
な気づきをもたらしたり，新たな見方をもたらしたり，相談者にとって取り
組み可能と感じられる範囲の適切なチャレンジへと勇気づけたりすることに
よって，相談者が成長できるよう支援することを重視しています。もちろ
ん，相談者の悩みは，相談者が成長するよりも，相談者を取り巻く環境の問
題を取り除くことによって解決される必要があることもよくあります。その
ような場合には，最終的には学校，警察，児童相談所，行政窓口など，ふさ
わしい外部リソースと連携できるよう努力するわけですが，その場合でもな
お，相談者自身の思いが置き去りにされないよう，相談者の思いを大切にし

ながら関わります。そのために，過去 1 世紀以上にわたって発展してきた心理カウンセリングの知見に依拠します。

　このことは，SNSカウンセリング（SNS相談）に，本書に描かれているのとは異なった多様な実践のかたちがありうることを否定するものでは決してありません。ただ，同じようにSNSカウンセリング（あるいはSNS相談）と呼ばれているもののなかにも，実際のところ非常に多様なものがあることに，読者の注意を喚起しておきたいと思います。

　なお，これと関連して，本書では「SNSカウンセリング」という言葉とともに，「SNS相談」という言葉も用いられています。基本的に，SNS相談という言葉は，上に述べたような心理カウンセリングの専門性に根ざしたSNSカウンセリングだけではなく，幅広くSNSを用いた相談を指すものとして用いられています。しかし，この点についてあまり厳格さはありません。多くの箇所で，SNSカウンセリングとSNS相談とは，ほぼ交換可能な言葉として用いられていることをお断りしておきます。

　これから読者の皆さんが本書を読み進めるにあたって，まずは第 1 章のイントロダクションを読んでいただき，基本を押さえてほしいと思います。ただし，すでにSNSカウンセリングについてよくご存知の方は，軽く読み飛ばしていただいてかまいません。その後は，どの章でも関心の向かう章からお読みください。各章は独立していますので，必ずしも前から順に読む必要はありません。

　最後になりましたが，本書がSNSカウンセリングの実際を生き生きと伝えるものとなることを，そしてSNSカウンセリングの健全な発展に寄与するものとなることを，心から願っています。

　2020年 7 月

杉原保史

目　次

第1章 イントロダクション

1．SNSカウンセリングとは

　近年，電話やメールにかわり，LINE，Twitter，InstagramなどのSNS
（Social Networking Services）が急速に普及し，もはや遠隔通信手段の主流
になろうとしている。

　そこで登場したのがSNSカウンセリングである。SNSカウンセリングと
は，文字どおりSNSを用いたカウンセリングのことである。SNSを用いた相
談にもいろいろなものがあるが，そのなかでも心理カウンセリングを専門的
に学んだカウンセラーによって行われるものを，SNSカウンセリングと呼ん
でいる。

　SNSカウンセリングについてはすでに別のところで概説してきたので，詳
しくはそれらにあたっていただきたい（杉原・宮田，2018，2019）。ここで
は，本書を読み進めるうえで必要となる最小限の内容を，あらためて確認し
ておく。

(1)　SNSカウンセリングの近年の発展

　2010年を過ぎた頃から，若者を中心として，遠隔通信手段の主流が電話や
メールからSNSへと急速に移行した。しかしながら，さまざまな悩み相談の
窓口は，対面によるもの以外は電話が中心のままにとどまっていた。若者は
電話をあまり使わなくなっているため，若年層においては近年，電話相談へ
の相談件数がかなり低下している。

　電話離れの進行と歩調を合わせるように，死にたいという思いを不特定多数に向けてSNSで発信する若者が出現するようになった。2017年には，希死念慮をSNSで発信した若者が次々に殺害されるという衝撃的な事件が明るみに出たこともあって，国はSNSを活用した悩み相談の体制を充実させることを喫緊の課題として位置づけた。2017年度以降，国は文部科学省や厚生労働省などを通して，いじめ対策や自殺予防などのSNS相談事業に予算を措置し，その推進を図っている。

　また，2019年には，児童虐待防止関連の法改正にともなう衆議院の付帯決議において，子育てに悩みを抱える人たちが相談できるSNS相談窓口の開設を進めることが議決された。すでに東京都をはじめ，いくつかの自治体では，SNSによる子育て相談や虐待防止相談の試みを開始している。

　いじめ，児童虐待，自殺，メンタルヘルスといった領域以外でも，女性相談，引きこもりの相談，働く人のための相談など，これまで主に電話で行われていたさまざまな相談事業が，SNSでも行われるようになりつつある。

⑵　SNSカウンセリングの意義

　悩みを抱えている人がすぐに人に相談するかというと，必ずしもそうではない。多くの人が悩みを抱えながら，相談せずに一人で抱え込んでしまう。そうしているうちに悩みが深刻化していってしまう。悩みを抱えている人は，悩みを人に打ち明けるのを恥ずかしく感じたり，「そんなつまらないことで悩んでいるのか」といった否定的反応が返ってくることを恐れたり，相談することは弱さの印だと考えたりして，人に相談するのを避けようとしがちである。

　「悩みがあったら相談すればよい」という言葉をよく耳にする。しかし，深刻な悩みを抱えている人にとっては，人に相談することはしばしばハードルが高い課題である。悩んでいる人に「気軽に相談して」と求めるのであれば，同時に，少しでも相談しやすい環境を整える努力をしていかなくてはいけない。

　SNSカウンセリングは，相談への敷居が非常に低く，なかなか人に言えな

いことが打ち明けやすい相談形態であることが知られている。たとえば，主に中高生を対象として行われたSNSカウンセリングの統計では，1日の平均相談件数が，電話相談の約26倍に上ったことが報告されている（全国SNSカウンセリング協議会，2018）。

　相談のなかでもとりわけ，いじめ，虐待，性の悩みなどは，なかなか人に打ち明けづらいものである。しかし，SNSカウンセリングでは，こうした悩みが比較的打ち明けられやすいことが知られている。たとえば，全国の学校に配置されているスクール・カウンセラーに寄せられた相談のうち，いじめの相談は1.2%であったが（文部科学省，2015），主に中高生を対象としたSNSカウンセリングに寄せられた相談では，いじめの相談はおおよそ7～9%である。時期や規模が異なるため，かなり大まかな比較にすぎないが，それでもなおこれらの数字は，SNSにおいては悩みの告白に対する抵抗感がかなり低下することを示している。

　このようにSNSカウンセリングは，敷居が低く，対面や電話での相談にはなかなかアクセスしてこないような，幅広い相談者とつながることができる相談形態なのである。このことは，比較的早期の段階での相談を促進し，悩みの悪化を予防するものと期待される。その意味で，敷居の低さは，SNSカウンセリングの最大のメリットであると言える。

　ただし，SNSカウンセリングは，表情も見えず，声も聞こえない，ほぼ文字だけのやり取りであるため，表情や声によって直接的に感情を感じ取ることができないし，表情や声によるサポートや励ましを与えることもできない。正確な名前も，住所も，性別さえもわからないため，SNSでの細いつながりが切れてしまうと，現実の社会のなかで相談者を見つけ出すことはきわめて困難である。多くの相談は，SNS上のやり取りで完結するものであるが，状況の改善のためには電話相談，メール相談，テレビ通話相談，相談機関での対面相談，訪問相談，あるいは生活場面における身近な他者のケアにつなぐことが必要となる場合もしばしばある。

　SNSカウンセリングのメリットと限界をよく理解し，SNSカウンセリングと電話相談，メール相談，テレビ通話相談，相談機関での対面相談，訪問相

談などを効果的に組み合わせ，苦悩を抱えた人への包括的な支援体制を構築していくことが重要であろう。

⑶　SNSカウンセリングの相談技術

　SNSでは，文字に加えて，スタンプ，写真，動画，各種ファイルなど，多様な電子情報をやり取りできる。とはいえ，SNSカウンセリングの基本は文字のやり取りである。しかし，対面や電話でのカウンセリングにおいてカウンセラーが発する言葉を，ただ単にそのまま文字にして送信するだけの対応ではうまくいかない。SNSカウンセリングには対面や電話のカウンセリングとは異なる，独自の対応上の工夫が必要なのである。

　それにはいくつかの理由がある。第一に，SNSでは文字情報だけが伝えられ，表情や音声などの非言語的情報がともなわない。「うん，そうなんだね」といった相槌ひとつとってみても，対面や電話でのカウンセリングであれば，表情や音声によってカウンセラーの感情が伝わる。対面のカウンセリングであれば，たとえ無言であってさえ，カウンセラーの表情やたたずまいによって，カウンセラーが感じていることが伝わる。対面や電話のカウンセリングでは，こうした非言語情報によって相談者を常にサポートしている。SNSカウンセリングではそうしたことができないため，対面や電話のカウンセリングでカウンセラーが非言語的に伝えている治療的情報を，はっきり文字にして伝えていく必要がある。

　第二に，対面や電話でのカウンセリングにおいて，音声によって発された言葉はそのとき限りで消えていくものである。しかし，SNSカウンセリングにおいては，発話された言葉は画面上に残っている。そのため，同じ応答でも，音声による会話と文字による会話では，かなり違った効果が生じることがある。たとえば，音声による会話では，「とっても疲れたんです」「とっても疲れたんだね」といったおうむ返しのやり取りにも不自然さはなく，こうした応答によって相談者は受容されたと感じることが多い。しかしSNSカウンセリングにおいては，「とっても疲れたんです」という文字が画面上に残っており，そのすぐ下に「とっても疲れたんだね」という文字が表示され

ると，きわめて冗長に感じられる。相談者の言葉にも，非言語情報がともなわないため，まったく同じ情報が並んでいるだけになってしまうのである。このことからも，応答には独自の工夫が必要になる。

　第三に，SNSカウンセリングでは，相談者は生活の場において，まさに生活しながら相談してくる。対面のカウンセリングは，相談者の生活の場からは切り離された相談のための場所と時間をまず確保したうえで，その場所と時間において行われる。電話カウンセリングでも相談者は，他の人に聞かれる心配がないような場所から，邪魔が入らない時間に相談してくることが多い。これに対してSNSカウンセリングは，近くにいる人にも気づかれずにアクセスできるものであるため，より生活の渦中からなされることが多い。親との喧嘩の最中に相談してくる中学生の相談者もいるし，隣の部屋で両親が激しく喧嘩しているのを聞きながら相談してくる小学生の相談者もいる。相談の最中に，夕食に呼ばれたり，お風呂に入るよう言われたりして，離脱が生じることも多い。SNSカウンセリングでは，こうしたことを考慮した対応を心がける必要がある。

　第四に，SNSカウンセリングはきわめて敷居が低いため，対面や電話によるカウンセリングよりも幅広い層からのアクセスがある。特に若年層において，その傾向が顕著である。わざわざ予約して，足を運んで，料金を支払って相談するような場ではまず出会わないような，健康度が高い相談者からの悩みの相談がある。その一方で，さまざまな問題を重複して抱えており，予約して足を運んで料金を支払って相談する余裕がない相談者や，医療機関を定期的に受診しながらも，それだけでは収まらないような複雑で重い精神障害を抱えた相談者からの相談もある。対面のカウンセリングにおける標準的な相談者とはかなり異なった相談者に，対応していく必要があるのである。そのため，対面のカウンセリングとは異なった対応上の工夫が必要になる。

　これらを踏まえて，対面や電話でのカウンセリングとは異なる，SNSカウンセリングに特徴的な対応のあり方を簡単にまとめると，表 1-1 のようになる。

表 1-1　SNS カウンセリングにおける相談員の対応

① 受け身的に話を聞くだけでなく，積極的に関心を示して質問していく。
② 単純な反射（おうむ返し）は控え目に，ポイントを押さえて使う。
③ 必要に応じて相槌も文字にし，相談者のトークでの表現をサポートする。
④ 表情や声などで非言語的に表現されがちな内容を，必要に応じてはっきりと言葉にして伝える。
⑤ 相談者のニードは非常に幅広く多様であることを理解し，尊重する。

2．主任相談員の役割

　SNSカウンセリングの現場で，相談者からの相談を受けるのは相談員である。しかし，横並びの相談員たちだけで対応するシステムでは，効果的な対応ができないことがある。

　たとえば，深刻で差し迫った自殺の危機がある相談が入ってきた場合，警察に緊急の連絡を取ることが必要になる。自治体などからの委託事業であれば，事業主体である自治体の担当者に，警察に緊急の連絡を取ることを可能な限り事前に伝えるよう求められる場合もある。相談員は今にも自殺を決行しそうな相談者との対話に，全神経を集中して対応し続けなければならない。相談員全員がそれぞれ相談対応していて，誰も手が空いていないことも多い。こうした場面で動くことのできる人員が必要である。それゆえわれわれは，SNSカウンセリングの現場には，相談員とは別に，監督的立場の人員を配置することが望ましいと考えている。現在のわれわれの現場では，その人員を「主任相談員」と呼んでいる。

　主任相談員は，SNSカウンセリングにおける重要な存在であるにもかかわらず，これまでほとんど論じられてこなかった。主任相談員の役割について，表 1-2 にまとめた。以下に簡単に解説しておく。

　主任相談員は，カウンセラーとしての現場経験があり，実力のあるカウンセラーであって，SNSカウンセリングにおいても相談員として十分な経験を積んだ，指導力のある相談員である。相談員の対応をモニターし，相談員か

表1-2　主任相談員の役割

① 相談員の対応をモニターし，求めに応じてアドバイスをする。
② 深刻で困難なケースでは，相談員と共に対応する。
③ 不適切な対応が見られた場合，相談過程に介入し，対応を指示する。
④ 警察などへの緊急の連絡を要するケースでは，外部への連絡役となる。
⑤ リピーターや気がかりな相談者を把握し，情報共有の中心となる。

らの求めに応じてアドバイスをする。相談員一人では判断が難しい深刻で困難なケースにおいては，相談員をサポートし，相談員とチームとなって一緒に対応する。このように，主任相談員は，相談員の対応を支え，相談員の成長を促進する教育係の役割を担っている。

　その一方で，主任相談員は，相談員の対応をモニターし，相談の質を担保する役割も担っている。相談員の対応に懸念が感じられた場合，主任相談員はその対応の意図を尋ね，話し合って調整していくことが多い。しかし，そのような話し合いによっても懸念が解消しない場合，あるいは明瞭に不適切な対応が見られた場合，主任相談員は相談過程に介入し，きっぱりと対応を指示することもある。こうした場合，主任相談員には，業務上の命令として相談員に指示する権限が与えられている。相談員は，たとえ主任相談員の指示に納得できなくても，従わなければならない。つまり，主任相談員は現場責任者としての管理的な役割も担っている。

　このように，主任相談員は，教育的な役割と管理的な役割の二重の役割を担う存在である。とはいえ，普段は教育的な役割が前面に出ていることが多いだろう。しかし，相談員の対応が不適切で，相談の質が脅かされていると判断される事態，つまり相談者を害しかねない，あるいは相談事業の信頼性を傷つけかねないと判断される危機的な事態においては，明瞭に役割を切り換えて，管理的な役割をとることが求められる。

　主任相談員の役割は，それだけにとどまらない。先に述べたように，警察や児童相談所などへの緊急の連絡を要するケースにおいては，相談状況を把握しながら，連絡を取る役割を果たす。さらには，主任相談員は，その相談のアカウントに頻回にアクセスしてくるリピーター（頻回相談者）や，深刻

な問題を訴えた相談者について概要を把握しておき，日々の相談開始前の
ミーティングで相談員に情報共有し，心構えを促す役割も担う。

　われわれのSNSカウンセリングでは，数人の相談員に対して一人の主任相
談員がつくという相談体制をとっている。経験的に言って，一人の主任相談
員が担当する相談員の数は7人ぐらいまでが適切で，最大でも10人までであ
る。

　このように，主任相談員は多重の役割を担って相談現場を仕切り，相談現
場の要となる重要な存在である。本書に提示されている事例のいくつかにお
いては，主任相談員の仕事が具体的に記述される。

3．本書のねらい

　本書は，具体的なケースの提示を通して，SNSカウンセリングの実際を伝
えることを目指している。

　SNSカウンセリングには多種多様な相談が寄せられる。なかには警察や児
童相談所に緊急の連絡が必要なケースもある。相談者から深刻な状況が語ら
れ，相談経過のなかでその状況を改善する手立てが見えてこず，相談員とし
ても心配なままに終わらざるをえない相談もある。形式的には毎回，1回限
りの単発の相談であるけれども，毎日のようにアクセスしてくるので，事実
上，継続的に経過を見ることになる相談もある。

　こうしたさまざまな場面で，相談員は，そして主任相談員は，どのように
対応することが望ましいだろうか。この問いへの答えは，抽象的な解説より
も，具体的な事例の提示とその検討によって，よりよく伝えられるものであ
ろう。臨床の現場において，経験を通して蓄積されてきた知は，そう簡単に
一般化されうるものではないし，あえて一般化してしまうと，とたんにその
豊かさが失われ，平板なものになってしまう。相談員と主任相談員が苦労を
重ねながら蓄積してきた臨床の知を，生き生きとわかりやすくお伝えするこ
とが本書の目的である。

　以下に続く諸章では，SNSカウンセリングの事例を紹介しながら，多様な

場面における相談の進め方についての考え方や，応答の工夫，配慮のポイントなどを具体的に解説していく。なお，「はじめに」でも説明したように，本書に掲載されている事例は，いずれも実際にあった複数の事例をもとに構成された架空事例である。

　最終章である第8章には，応答訓練としてエクササイズを6つ用意した。読者は，相談のやり取りを読み進み，ある時点で相談員としてどのように応答するかを問われる。相談員になったつもりで考え，じっくり解説を読むことで，応答のスキルが鍛えられるだろう。

　イントロダクションはここまでである。ここから先は，具体的で個別的でそれぞれにユニークな事例の記述が中心になる。

【文献】

文部科学省（2015）「学校における教育相談に関する資料」教育相談等に関する調査研究協力者会議（平成27年12月4日～）（第1回）参考資料1.［http://www.mext.go.jp/b_menu/shingi/chousa/shotou/120/gijiroku/__icsFiles/afieldfile/2016/02/12/1366025_07_1.pdf］（最終閲覧日2020年7月16日）

杉原保史・宮田智基（2018）SNSカウンセリング入門——LINEによるいじめ・自殺予防相談の実際．北大路書房

杉原保史・宮田智基編著（2019）SNSカウンセリング・ハンドブック．誠信書房

全国SNSカウンセリング協議会（2018）［https：//smca.or.jp/wp/wp-content/uploads/2018/10/pressrelease_20181011.pdf］最終閲覧日2020年7月16日）

第2章 心理カウンセリングとしての SNSカウンセリング

1．はじめに

　SNSカウンセリングには幅広く多様な相談が寄せられる。主に虐待などの通報窓口として利用されることもあれば，適切な医療機関や行政窓口などについての情報を得る手段として利用されることもある。つまり，SNSカウンセリングに寄せられる相談の多くでは，心理療法や心理カウンセリングが求められているわけではない。

　そのなかでなお，多くの相談においては，相談者の性格傾向や対人関係パターンが重要な役割を果たしているものと推測され，そこに変化をもたらすことによって事態の改善が得られるものと期待される。うつ，無気力，不安などの感情が関わる，メンタルヘルス上の問題が背景にある相談も多い。

　単発のSNSカウンセリングのみによって，性格傾向や対人関係パターン，メンタルヘルス上の症状などに劇的な永続的変化が生じることは，そうそうないと思われる。しかしなお著者らは，単発のSNSカウンセリングでもこうした変化に向けて重要な寄与をすることは可能であり，相談者が適切な方向にささやかな一歩を踏み出すよう支援できるものと考えている。

　心理学的支援においては，伝統的に，対面での相談がすべての人にとって最善の支援方法であると考えられてきた節がある。確かに，相談員の視点からすれば，対面相談は言語も非言語も含むあらゆるコミュニケーションのチャンネルをフルレンジで用いることができる，最も効果的な支援方法だということになるだろう。しかし，相談者の視点からすると，対面相談が常に

最善の支援方法であるとは言えない。対面して自分の悩みを話すことを怖い
と感じる相談者もいるし，さまざまな事情から相談室まで出かけていくこと
ができない相談者もいる。問題意識が乏しく，わざわざ相談室まで出かけて
いくだけの動機がない相談者もいる。定期的に対面相談に通いながら，それ
でもなお不安に駆られていたり，うつに苛まれていたりする相談者もいる。

　こうした相談者にとっては，SNSというコミュニケーション方法を用いた
心理カウンセリングが有用であることもよくある。本章においては，SNSカ
ウンセリングが心理カウンセリングとしていかに有効に機能しうるかを，事
例を通して示すことにしたい。これらの3つの事例は，それぞれ心理カウン
セリングの異なる学派の特徴を帯びたものである。これらの事例を通して，
心理カウンセリングの一形態としてのSNSカウンセリングを検討しよう。

2．認知行動療法的なアプローチによる事例

　認知行動療法は，相談者の主訴や心理状態を，「環境」「認知」「感情」「身
体反応」「行動」の5領域にわたってアセスメントし，その相談者に適した
「認知的技法」と「行動的技法」を心理教育するアプローチである（伊藤，
2006）。その目的は，認知行動療法の技法を相談者に習得してもらい，メン
タル不調を改善して，その再発を予防することにある。認知行動療法は，継
続性を前提とせず，ほぼテキストのみによってなされるSNSカウンセリング
にも馴染みやすいものである。

　認知行動療法の「認知的技法」では，ある状況で自動的に浮かんでくる
「考え」や「イメージ」である「自動思考」を取り上げて，その背景にある
「考え方のクセ」に介入していく。そして，相談者の考え方の幅を広げてい
くことを目指す。宮田（2019）は，「認知的技法」においてよく用いられる
質問例を挙げている（表 2-1）。

　われわれは，中高生や成人を対象としたSNSカウンセリングにおいて，認
知行動療法が奏功した事例を数多く経験した。そうした経験に基づいて，
「認知的技法」を用いたSNSカウンセリングの事例を紹介し，そのポイント

について解説する。

表2-1　認知的技法の質問例

◆**自動思考を引き出す質問（不安やうつが生じていた場面について）**
「そのとき，どんな考えが頭に浮かんでいましたか？」
「そのとき，頭ではどんなことを考えていましたか？」　など

◆**考え方の幅を広げる質問**
「あなたの大切な友だちが同じように考えていたら，何と言ってあげますか？」
「『この人の考え方は好きだな』と思う人はいるかな？　もし，その人だったら，その
　とき，どんなふうに考えるでしょうね？」　など

（宮田，2019）

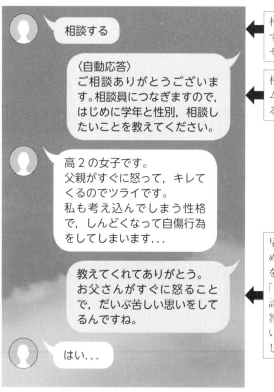

相談者が相談開始ボタンを押すと「相談する」というメッセージが送信される。

相談開始の定型文が，システムによる自動応答で送信される。

早々に返信する必要があるため，共感的な「感情の反射」を返す。しかし，こうした「感情の反射」だけでは，相談者から「はい」といった応答しか返ってこないことが多いので，次の「質問」を準備しておく。

しんどくなって自傷を，と言われていたけど，どんな気持ちになるのか少し話せるかな？

> 自傷行為という「行動」の背景にある「感情」を尋ねる。なお，若年層の相談者の場合は「〜かな？」と尋ねることが多い。

はい。自分のせいだ，私のせいで父がイライラしてるんだって思います。
自分の頭を叩いたりしてしまって,,

> 父親に怒られた際に，父親に怒りを感じるのではなく，「自分のせいだ」と自分を責める「自動思考」が浮かぶことが明確になる。

自分を責める気持ちになるんだね。
お父さんがすぐに怒ってきて，それだけでもつらいのに，自分でも自分のことを責めてるんだね・・
くるしいね・・

> 自分を責める気持ちになり，苦しくなることを共感的に受けとめる。情緒的な余韻を伝えるために，「・」を2個つけている。

はい... そうなんです。

自分の頭を叩いたりということだけど，他にも何かしていることってあるかな？

> その他の自傷行為についても確認し，自傷行為の程度をアセスメントする。

あと，リストカットもしています。でも，怖くって，ちょっと血がにじむ程度です。

> リストカットもしているとのことだが，その程度は比較的軽度のようである。

きっと，持っていき場のないような，とても苦しい気持ちになるんだね。
お父さんは，昔から怒りっぽいの？

> 共感的に寄り添いながら，「ストレス要因」となっている父親について尋ねる。

昔から怒りっぽいところもありましたが，最近，忙しい会社にかわって，特に怒りっぽくなりました。

会社のストレスか・・。
お父さんも余裕がないのかもだけど，それで急に怒られても怖いね・・

はい…また怒られたらって考えて，気づいたら涙が出てきたりもあります…

不意に涙が出るぐらいなんだね・・
とってもピリピリした，緊張した状態で過ごしてるんだね

はい…そうです。

お父さんに怒られているとき，ご家族はどんな反応なのかな？

母は私が小さい頃に亡くなっていて，父と祖母とで暮らしてるんですけど，祖母はかばってくれるけど，お父さんのほうが強いです。

お母さんを早くに亡くされていたんですね。
おばあちゃんも，お父さんにはそこまで強く言えない感じなのかな？

相談者は父親に怒られるストレス状況にさらされ，情緒不安定になっていることが明確になる。自分を責めて，自傷行為を繰り返していることも考慮すると，相談者は心理的にかなり追い込まれていることが予想される。

家族のサポート状況や相談できる相手の有無を確認する。その際，「お母さんには相談できる？」などと直接的に尋ねると，「母には言いにくいです」といった抵抗に遭うことが多いので，まずは家族の反応を確認する。父子家庭である場合もあり，尋ね方には注意を要する。

はい... おばあちゃんは，話は聞いてくれるけど，心配かけたくないので，あまり話さないです。

なるほど。おばあちゃんに心配かけたくない思いが強いんだね。

はい

さっきは「自分のせいだ」と，自分を責めると言われていたけど，お父さんに怒られたときは，どんなことが頭をよぎってることが多いかな？

気分が落ち込んで（感情），自傷行為をする（行動）背景には，「自分のせいだ」と自分を責める自動思考（認知）があることが予想されるために，父親に怒られた際の自動思考を尋ねる。

自分のせいでこんなに怒ってるんだとか，私はいないほうがいいんだとか，思います。

そう思うと，ホントにつらいね・・
家でも，安心して「ここにいていいんだ」って，思えない感じかな？

はい…，そんな感じです。

「自分のせいだ」と自分を責めたり，自分はいないほうがいいと思ったりする傾向は，自分ではどう感じているのかな？

こうした自動思考に，問題意識を持っているのかを確認する。

なんで，こんなふうに考えて
しまうのかなって思います

そう考える傾向は，少し和ら
げたいと思うかな？
これは考え方のクセみたいな
ものなので，少しずつ変えて
いくことはできるんだけど，
どう思う？

こうした自動思考を緩めるこ
とが，目標として共有できる
かを確認する。

変えられるなら変えていきた
いです！

うんうん，考え方の傾向は，
「筆跡」みたいなものなんで
す。
「筆跡」は変えようと思えば
変えられるのと同じで，「考
え方」も少しずつ変えていく
ことはできるんです。

そうなんですね！

たとえば，最近，自分を責め
たときの状況を，少し教えて
もらってもいいかな？
その状況で，自分はどんなふ
うに考えやすいのか，一緒に
考えていきましょうか。

自分を責める自動思考が生じ
たエピソード（ある日の出来
事）を尋ねる。相談者の「認
知」や「感情」，「行動」をつ
ぶさに探索するには，具体的
なエピソードを扱う必要があ
る。

昨日のことなんですけど，私，体操が好きで習ってるんですけど，体育館が遠いので，お父さんの仕事終わりに送ってもらってるんです。でも，昨日は帰ってくるなり機嫌が悪くて，すごいイライラして「早くしろよ！」って怒鳴られて…私は，いつもの時間には準備できてたんですけど，「いつもとろいんだから，お前は！」って言われて…

そんなこと言われたら，とってもつらいね・・。
あなたは時間どおり準備してるのに，会社のストレスかもしれないけど，こっちに八つ当たりされても困っちゃうね・・。
お父さんにそう言われて，どんな考えが頭に浮かんでいたのかな？

父親に怒られた場面での「自動思考」を尋ねる。

意味がわからなくて，だんだん私が体操を習わなければ，こんなことにならなかったのにって思ってきて…

自分が体操を習わなければって思ったんだね。
そのときは，「お父さんに腹が立つ」というより，「自分が悪かった」と思う感じなのかな？

相談者に共感的に寄り添いながら，怒りの方向が相手ではなく自分に向いていることを明確化する。

はい... そういうことが多い
です。

お父さんに腹が立つ気持ちも
あるの？
あんまり，相手に怒ることは
ないのかな？

少しあるけど，自分を責める
気持ちのほうが大きいです

なるほど。相手を責めるよ
り，自分を責める感じになる
んだね・・。
怒りの矛先が，相手じゃな
く，自分に向く感じだね。
怒ってるお父さんには言えな
いけど，さっきの場面だった
ら，ホントはお父さんに何て
言いたいかな？ 実際に言う
かどうかは今は考えないで，
率直なあなたの気持ちはどう
かな？

怒りが自分に向きがちなの
で，父親への怒りを表現でき
るように促す。実際に言うか
どうかはさしあたり問わな
い，という前提を設定するこ
とで，ありのままの気持ちに
接触することへのハードルが
下がることが多い。

「そんなに怒らなくてもいい
じゃん！」って言いたいで
す...
私にあたらないでって思いま
す。

そうだよね！
あなたは悪くないもんね。
あなたが，そう感じるのは，
私は当然だと思いますよ。

父親への怒りを表現できたの
で，その気持ちを承認する。

やっぱりそうですよね。
ありがとうございます。

うん，そう思う。
だから，あなたが悪いんじゃないって，すごく感じます。

「あなたは悪くない」と明確に伝えて，怒りの矛先が自分に向く傾向を緩和しようと試みる。

ありがとうございます。
そう言ってもらうとホッとします。

もし仮になんだけど，あなたの仲の良い友だちが，同じ場面で「私が体操を習わなければよかったのかな・・」って言っていたら，なんて言ってあげるかな？

別の考え方を促す質問を行い，認知の再構成を試みる。

そんなことない！　って思います

うんうん，他にはどんなことを言ってあげるかな？
もう少し話せる？

重要なポイントなので，さらに表現を促す。

自分の好きなことは続けてほしいと思います。
あなたは悪くないって思います。

そうだね！　私もそう思います。
その思いを，自分に言ってあげると，どんな感じがするかな？
「自分の好きなことを続けてほしい！　あなたは悪くない！」って自分に言うと，どんな感じがするかな？

新たな考え方を，相談者がどのように感じるのかを確認する。

嬉しいですね！
なんだか，ホッとします。

そういうふうに考えると，自
分を責める気持ちは，少しマ
シになるかな？

新たな考え方によって「感
情」に変化が生じるのかを確
認する。

はい！
今は，自分を責める気持ち
は，あんまりなくなってます。

よかった！
今までは，怒りの矛先が自分
に向いて，「自分のせいだ」
「自分が悪い」って思ってい
たけど，今日みたいにお父さ
んに腹が立つ気持ちを表現で
きたり，今までとは「別の考
え方」ができるようになって
くると，だんだん自分に優し
くしてあげられるようになる
んじゃないかと思います。

「今までは，〜していたけど」
とあえて過去形で表現するこ
とで，こうした考え方がさら
に「過去のもの」になること
を促す。こうした表現方法に
ついては，杉原（2012）を参
照されたい。

ありがとうございました。
だいぶ楽になりました。気分
もけっこうスッキリです！

こちらこそ，ありがとうござ
いました。
気分もスッキリして良かった
です！

私が感じたのは，お父さんにちょっとしたことでキレられて，ただでさえつらいのに，自分でも自分のことを責めてしまって，さらに自分を追いこんでいるようで，気になりました。

心理的な悪循環のポイントを明確化する。

そんな感じですね。
それだとしんどいです。

「別の考え方」をするコツは，「仲の良い友だちが同じように考えていたら，なんて言ってあげるかな？」と考えることが，役に立つと思います。そして，その言葉を自分に言ってあげると，少し気持ちが楽になると思います。

認知の再構成に役立つ質問を改めて伝えて，相談者がそれを活用するように促す。

ありがとうございました。
また，自分でもやってみます！

ありがとう！ 是非，試してみてくださいね。
今日は，話したいことは話せたかな？

十分な成果が得られたので，クロージングに向けた質問を行う。

はい，話せました。スッキリしました。
考え方を変えると，こんなに楽になるとは思ってなかったので，またやってみます。
ありがとうございました！

こちらこそ，ありがとうございました！「考え方」を上手に変えてあげると，気持ちも楽になりやすいので，また試してくださいね。

はい！ やってみます。

あと，この SNS 相談は，○月○日（日）まで，毎日○時〜○時まで相談していますので，是非，またいらしてくださいね！

それでは，最後に「終了メッセージ」を送らせてもらいますね。
次回，ご相談をいただいた場合は，別の相談員が対応することになりますが，今回のやり取りを読ませてもらって相談できますので，安心してくださいね。

SNS 相談の活用を促すメッセージを送るとともに，次回以降についてのアナウンスを行う。

こちらこそ，ありがとうございました。
また，相談に来ますね。

はい，また是非，話しに来てくださいね。
今日はありがとうございました。

〈終了メッセージ〉
ご相談ありがとうございました。あらためてご相談いただいた場合は，別の相談員が対応させていただくこととなります。その場合も，今日のお話を確認してから相談にのることができますので，安心してご利用ください。

■振り返り

　本事例は，父親に怒られることを契機に，「自分のせいだ」「私はいないほうがいい」と自分を責めて，自傷行為を繰り返してしまう高校2年生女子に対して，自責的な自動思考の再構成を行う認知行動療法を行ったものである。相談の開始からしばらくは，受容・共感的な関わりのなかで，自傷行為の背景にある「認知」と「感情」について探索を行った。その後，この相談においては，自責的な自動思考を取り上げて，それを変えていくことを目標にするという方針を立て，相談者とその目標を共有した。

　その後，自責的な自動思考が生じた「エピソード」を取り上げて，怒りの矛先が相手ではなく自分に向きやすいことを明確化し，父親への怒りを表現できるように促した。また，「もし仮になんだけど，あなたの仲の良い友だちが，同じ場面で『私が体操を習わなければよかったのかな‥』って言っていたら，なんて言ってあげるかな？」と尋ねて，認知の再構成を行った。この質問に対して，相談者からは「自分の好きなことは続けてほしいと思います。あなたは悪くないって思います」という返答が返ってきた。また，そのように自分に言ってみると気持ちがホッとして，自責的な自動思考が和らぎ，気分がスッキリすると語られた。

　今後も自責的な自動思考が浮かんだ際に，そうした自動思考に気づいて上手に距離をとることができるようになれば，自傷行為に走る頻度も軽減され

るだろう。継続性を前提としないSNSカウンセリングでは、介入によってもたらされる変化の程度には限りがあるだろうが、それでもなお、こうした介入が、相談者が問題を改善していく糸口となることは十分に可能である。

　認知行動療法は、心理教育を意図した助言的なアプローチであり、継続性を前提としないSNSカウンセリングにおいても、活用しやすいアプローチであると考えられる。

3．短期療法的なアプローチによる事例

　短期療法は、他の心理療法にはない独自の視座を持っている。その最も大きな特徴は、問題を改善させるという考えにとらわれず、相談者の心理的・社会的なリソース（資源）や、レジリエンス（ストレスに立ち向かう力）に注目し、苦しい状況を自ら改善させていく自己効力を促進すべく、具体的に話し合うことに主眼を置いている点にある。また、精神力動的な視点にばかり注目せず、現実的な状況を詳しく聞いていくことも大きな特徴であり、その理由も上記の視座をベースとしているところが大きい。

　SNSカウンセリングは、「現状がつらい」とか、「とにかく苦しい」「死にたい」などの心情的な言葉から始まることも多く、今、何に悩んでいるのか、どういった状況のなかで起きている悩みなのかが、つかみにくいところがある。そのため、問題を取り巻く人間関係や状況を優先的に確認していく短期療法の視点が、役に立つことが多い。

　また、短期療法は対話技法に関しても独自の特徴があり、他の多くの療法よりも積極的に質問や提案をしていく傾向が強い。このことは、ともすれば相談者の抵抗を引き起こしかねないため、短期療法の対話技法には、抵抗をうまく扱うための工夫も含まれている。こうした短期療法の対話技法の代表的なものを、表 2-2 に示す。

　筆者（上野）は、SNSカウンセリングにおいて短期療法的な関わりを行い、膠着状態に陥っていた対話を、変化に対して能動的な対話に変化させることができた事例を数多く経験している。ここでは、短期療法的な対話技法

表 2-2　短期療法の対話技法の例

◆コーピング・クエスチョン（対処方法を尋ねる）
　（苦しい状況が続いているという相談者に対して）
　「それだけ苦しい状況が続いているのに，これまでどうやって耐えてきたんですか？」

◆ユーティライゼーション（体験の利用）
　（いくつもの提案に抵抗し，相談者がそれを受け入れられない場合）
　「それだけ受け入れられないというのは，自分自身の意見を大切にできるだけの判断
　力を持っているのかもしれませんね」

を用いた SNS カウンセリングの事例を示し，その具体的なポイントを解説す
る。

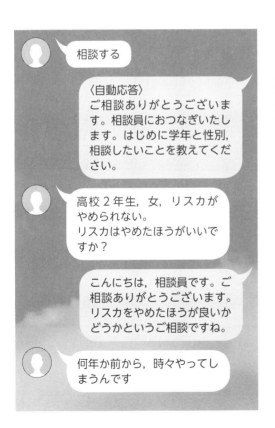

相談する

〈自動応答〉
ご相談ありがとうございま
す。相談員におつなぎいたし
ます。はじめに学年と性別，
相談したいことを教えてくだ
さい。

高校 2 年生，女，リスカが
やめられない。
リスカはやめたほうがいいで
すか？

こんにちは，相談員です。ご
相談ありがとうございます。
リスカをやめたほうが良いか
どうかというご相談ですね。

何年か前から，時々やってし
まうんです

過去の記録（抵抗がよく起き
ている対話パターン）を確認
しておく。

どういうときにやってしまうのか，少し詳しくお聞きしてもよいですか？

強く落ち込んでしまうとやってしまいます

強く落ち込むというと？

ネガティブな感情にやられてしまうときです

何かきっかけがあったんですか？

中学生のときに恋愛でうまくいかないときが続いて…その頃に好きなアーティストがやっていたのをみて，自分もやってみようかな…って

手首を切ってみようとするくらいだから，相当苦しい状況だったんですね。

人から見てそうだったかはわからないんですけど…やってみたらすごく痛くてビックリしました

それは痛いですよね。私にはその勇気がないです。傷の処置なんかはしてるんですか？

苦しい状況があるからこそリストカットをしてしまうのだという想定に立ち，「どういうときに」という言葉で，状況を尋ねている。この後，そのなかでも頑張って生きていることをコンプリメント（賞賛）していくことを構想している。

短期療法では，「ネガティブな感情」がどのような感じなのかを詳しく尋ねるより，その感情がどのような「状況」のなかで起きているのかを重視する。

心理的にどのように苦しかったのかだけではなく，「状況」という言葉を意識して使っている。

不安や心配などの感情ではなく，その問題に本人がどう向き合っているのか（コーピング）を確認している。

はい。痛みはもう慣れましたし，傷はちゃんと消毒して，包帯巻いてます。

そうでしたか。ちゃんと消毒もしてるというのは，しっかりしてますね。

> 自暴自棄になってしまう部分よりも，しっかりと自己管理意識があるというレジリエンスのほうに注意を向け，そういう認識が対話のなかで広がっていくように意識している。

しっかり…そんなことないです。

そんなことないというのは，どういうことか教えてもらってもよいですか？

> 「そんなことない」という言葉には，多少の抵抗感が見受けられる。相談員はそこから目を逸らさず，ユーティライゼーション（解決に有効利用）できる可能性があると判断し，むしろそれを心的資源として活用するために詳細を尋ねている。

負の感情にやられると，すぐリスカに逃げたくなるからです。

それはつらいよね。

> 短期療法では，こちらの言葉がどのように伝わるのかを大切にしている。ここでは，語尾の「よね」という同意を求める表現に，どのような反応を示すのかを確認している。

つらいというか，，，よくわかりません。

そっか。リスカに逃げるというのが，どういう状況のなかでそうなるのか，もう少し教えてもらってもよいですか？

> 語尾「よね」が，同意的な返答ではなく抵抗的な返答を促してしまっていることがわかるため，さらに情報収集を意識して尋ねている。

テストの点数が悪かったり，授業で失敗したりですかね

リスカしたくなるくらいってことは，それだけ頑張ってたんだね

> 今度は，語尾「よね」をやめて，「ね」だけにすることを試みている。「それだけ頑張ってたんだね」とこちらの感想を伝える表現に変えている。

他のみんなと比べるとわからないんですが,,, 自分としては無理して頑張りました

そうだね。自分が他の人と比べてどれだけ頑張ったのかは判断しづらいかも。どちらにしても,それだけあなたは頑張ってたんだと思う。

「頑張りました」という表現から,「ね」だけの表現のほうが抵抗が少ないことがわかる。そのうえで「頑張っていた」という現実を拡張するため,改めて同じ言葉で強調している。

ありがとうございます。でもやっぱりそう思えなくて,リスカしました。

そっか。自分としてはやりたくないのに,やってしまうってことですかね。

上記の試みがうまくいっていないことが確認されたので,少し話題を広げている。

そうです。やりたくないというか,,, やってはいけないとは思います。

何か理由があるんですか?

動機を確認することで,まだ隠れてはいるものの,本人が大切にしている価値観を引き出そうとしている。

自分を罰してるんだと思います。知らない間に人を傷つけたりしてしまうので,,,

この返答から,自己否定しつつも他者否定はしないというリソースを感じることができた。

じゃあ罪が洗われるような感じなのかな。

罰してしまうという点を問題視して掘り下げるよりも,このことはどのようなリソースとして扱えるものなのかという視座に立っている。

そんなところはあります。

知らない間に人を傷つけるっていうところを,もう少し教えてもらえますか?

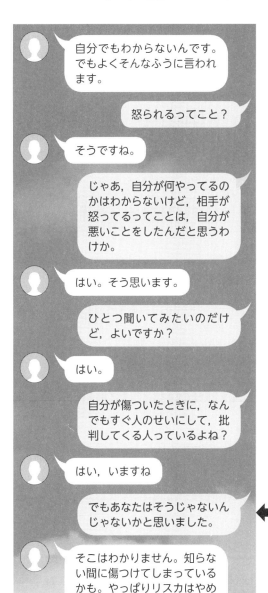

自分でもわからないんです。でもよくそんなふうに言われます。

怒られるってこと？

そうですね。

じゃあ，自分が何やってるのかはわからないけど，相手が怒ってるってことは，自分が悪いことをしたんだと思うわけか。

はい。そう思います。

ひとつ聞いてみたいのだけど，よいですか？

はい。

自分が傷ついたときに，なんでもすぐ人のせいにして，批判してくる人っているよね？

はい，いますね

でもあなたはそうじゃないんじゃないかと思いました。

そこはわかりません。知らない間に傷つけてしまっているかも。やっぱりリスカはやめたほうが良いのでしょうか。

これは相談者を意図的に承認する，「コンプリメント（賞賛）」という短期療法に特徴的な技法である。それによって，先ほど感じたリソース（他者を優先する優しさ）を拡張できるかどうかを確認する。

やめるかどうかよりも，問題は別のところにあるんじゃないかな。

なるほど,,, どういうことですか？

まず，誰かこのことで相談している人は，他にもいますか？ スクールカウンセラーとか。

一度話してみたことはあるんですが，中学生の頃で，その頃は少し気持ちも落ち着いてた気がします。

そっか。今は高校だもんね。高校では相談してない？

はい，あまり人を信用してるわけでもなくて，高校に入ってからはお願いしてません。

他に相談できる人は？

いません,,,

じゃあ一人で抱えて頑張ってるんだね

そうですね。でも寂しいです。

コンプリメントからの拡張がうまくいっていないと判断したと同時に，「リスカをするか・しないか」という二者択一の相談者論理にはまり込むこと（対話の悪循環）を防いでいる。

左記のように対話を相談員主導のものに切り替えることを，短期療法では「セラピストの機動力を回復する」と表現する。

理解者がいれば，症状は落ち着く可能性が考えられる。

孤独ななかで耐えて頑張っているというリソースに注目し，エンパワーすることを試みる。

それはそうだよね。一人で頑張るだけじゃなくて，誰かにわかってほしいよね。

誰かにわかってほしい気持ちがあるかを確認する。

はい。

相談者は明確に「はい」と答えたので，相談者に役立つ方向性がひとつ確認できた。

たとえば，カッターとかを完全に取り上げられたらどうなるのかな

前に一度あったんですが，泣き叫んでましたね。逆につらかったです。

そうでしたか。強引なのはやめてほしいね。でも，だからこそ，リスカをしないことだけ考えたら，余計に苦しくなるんじゃないかと思うんです。

リストカットをやめるかどうかだけにとらわれている相談者の視点を，ユーティライゼーションできるよう試みる。

どういうことですか。

あなたの問題なんじゃなくて，こうやって気持ちを吐き出す相手がいないんじゃないかと思いまして。

相談員の話に乗ってきたことで，改めてセラピストの機動力が回復されたことがわかったので，これを機に，「気持ちに共感してもらえる関係性を誰かと構築する」ことを進めようとする。

そうですね。家族も信用できないですから。

信用できないというのは？

言いたくもないんですけど，実は父が痴漢で一度捕まってるんです。

そんな大変なことがあったんだね。あなたは大丈夫？

はい，私に何かするようなことはないんですけど，ちょっと気持ち悪いと言うか、、、

それはたしかにそうなるよね。お母さんは？

母とは前に離婚してて，父と暮らしてます。

そういうことですか。それは人が信用できなくても当然なんじゃないかと思います。

そうなんですかね。そう言われると少し気が楽になります。

あなたは自分が傷ついても人のせいにするわけでもないし，誰かに相談できないのも，人が信用できないような環境にあったから，それも仕方がないことなんだと思うんです。でも，今日はこうやって相談してきてくれましたし，それはすごい勇気だと思います。

初めて言われました。勇気なんですかね。

ノーマライズ（あなたは異常ではないと伝える）という技法。「起きている問題は，この状況のなかでは当然のことであって，あなたの問題ではない」と伝えようとしている。

少なくとも，人のせいにしないで頑張ってるあなたを，もっと応援してあげたいです。

人に優しいというリソースに勇気を加え，ここまでのストーリーを，「相談者は解決のために真剣に向き合っている人」というストーリーに再構築することを試みている。

ありがとうございます。なんか少し気持ちが明るくなってきました。今日はもう大丈夫です。また相談しても良いですか？

もちろん，大丈夫です。担当者はまた変わってしまう可能性が高いですが，今日の記録は次の人も見ることができますので，安心してください。それでは終了メッセージを送らせていただきますね。

十分な成果を確認できたので，クロージングに入る。

今日はどうもありがとうございました。

〈終了メッセージ〉
ご相談ありがとうございました。あらためてご相談いただいた場合は，別の相談員が対応させていただくこととなります。その場合も，今日のお話を確認してから相談にのることができますので，安心してご利用ください。

■振り返り

　この事例は，「自分はつらくなるとリストカットをしてしまう弱い人間で，人を信用することもできず，孤独に苦しい日々を過ごしている」とい

う，相談者に内在していたと思われる思い込みの物語（ドミナント・ストーリー）を，「長く苦しい状況を，本人は一人でもきちんと自己管理をし，人のせいにもせずに頑張っている」という「代わりとなる物語（オルタナティブ・ストーリー）」へと対話によって展開させることを試み，一定の手応えが得られた事例である。

　SNSカウンセリングでは，お互いが文字を打っているという性質上，時間がかかり，1回のセッションで得られる進捗はわずかなものとならざるを得ない。短期療法では，たとえわずかな進捗であるとしても，その都度，ストレス環境下でも自ら乗り越えていけるレジリエンスがあるのだと確認し，それを拡張していくことを意識して対話する。

　また，リストカットをするかしないかという対話の拘束に飲み込まれず，違う話題で話を展開させ，対話の悪循環（相談者個人の心中にある悪循環ではなく，相談員との間にあるほう）を避けようとした。そのなかで，中学生時代のスクールカウンセラーとの経験が思い起こされた。これは，いつも変わらず症状があるわけではなく，人に理解してもらえることで症状が軽減しているという「例外」が見つかったということである。その後，相談員は対話のなかでさらにその「例外」を拡張しようと試みた。相談者はこうした対話によって楽になり，前向きな気持ちを回復することができた。

　それゆえ相談員は，相談終了後，今後また相談があったときのために，他の相談員と共有される相談記録に，「ここで安心して相談が続けられるようにすることが大事であり，その経験に基づいて，相談者が生活場面でも身近な他者に話せるようになっていくことが目標となる」と書き残した。

　なお，短期療法に興味を持たれた読者は，若島・長谷川（2018），フランクリンほか（2012／2013），日本ブリーフセラピー協会（2019）などの入門書にあたられたい。

4．実存療法的なアプローチによる事例

　実存的な心理療法では，さまざまな苦悩の背後にはしばしば，孤独，選

択，人生の一回性，人生の意味，死の恐怖といった，人間に与えられた根本的な諸条件をめぐる苦悩が存在していると考えられている。こうした実存的なテーマの前では，セラピストもクライエントも，ただ人間として対等である。セラピストがいくら専門家だからといって，こうした諸条件を免れるわけでも，こうした諸条件がもたらす苦悩から自由なわけでもない。それゆえ，こうした種類の苦悩に関して，セラピストは，クライエントと率直に対話していくことが求められる。

　SNSカウンセリングには，こうした実存的なテーマについて対話の相手を求めるアクセスが寄せられることがある。ここに紹介する事例の相談員は，実存的心理療法家ではないし，実存的心理療法を専門的に学んでいたわけでもないが，相談者から発せられた実存的な問いかけに対して，真摯に，率直に対話しようと努めている。

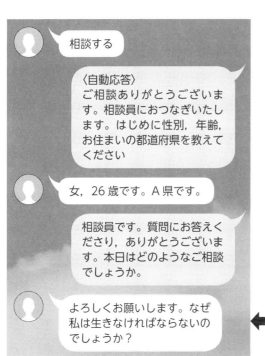

相談する

〈自動応答〉
ご相談ありがとうございます。相談員におつなぎいたします。はじめに性別，年齢，お住まいの都道府県を教えてください

女，26歳です。A県です。

相談員です。質問にお答えくださり，ありがとうございます。本日はどのようなご相談でしょうか。

よろしくお願いします。なぜ私は生きなければならないのでしょうか？

相談者は相談の最初から，きわめてストレートに実存的な問いを投げかけている。

それが本当にわかりません。

なぜ生きなければならないのかがわからない,,,

はい。本当にわからないです。

もう少しお気持ちを教えてくださいますか？

はい。何をお伝えしたらいいでしょうか？

最近,何かつらいことがあったのでしょうか？

いえ,そういうわけではないです。でも,ここ7～8年ずっと死にたいです。

そんなにですか？　長い間苦しんでいるんですね。

はい。

私は生きていても何の役にも立たないし,周りに迷惑をかけるばっかりです。

だったら,ダラダラ生き続けるのではなく,スパッと死んだほうが無駄なお金を私に使わないですみます。

あまりにもストレートに真剣な問いが投げかけられ,相談員も少し動揺している。微妙な動揺を「...」で表現している。

相談員は最初の動揺から回復し,積極的に関わっていく姿勢を示している。

自分の価値を疑っているんですね。

相談者は非常に自己否定的な思いを伝えているが，相談員はすぐに安易に慰めることはせず，相談者の自己否定的な言葉を受けとめている。

はい。価値がないと思っています。

そうですか。もう少し教えてください。死にたい気持ちを誰かに話したことはありますか？

死にたい気持ちを取り上げながら，その気持ちが置かれている対人関係の文脈を問いかけることで，話題の範囲を広げている。

あります。

それはどういう人でしょうか？

母です。それで，心療内科に連れて行かれました。それが7〜8年前のことです。

そうでしたか。
お母さんは何と？

母の父親は，難病のために若くして死んだのです。
母はそのことを持ち出して，生きたくても生きられない人もいるのに，自分から死にたいなんて，ただのわがままだと。

そうなんですね,,, そう言われてしまうと，つらい気がします。

母の言うとおりだと思います。

7～8年前に通院し始めたきっかけは何だったんですか？

付き合っていた人が突然，自殺したんです。それから，自分でも理由はよくわからないんですが大学に行けなくなって，家に閉じこもるようになって。

そうでしたか,,, お付き合いされていた方が突然に自殺されたら，さぞショックだったでしょうね。

そうなんですかね。確かに最初はわけがわからず，ただ大変なことが起きてしまったと，動揺していました。

でも，私としては，彼の自殺の件については，今では特に思い出すこともないですし，思い出しても特に何の感情もないです。気持ちの整理はついています。

そうなんですか。その当時の動揺を乗り越えられたのですね。

相談者の自己否定は，母親からの否定がそのまま取り入れられることで補強されている。

相談員は，困難な出来事に対して予想される通常の反応を描き出している。このようなコメントを伝えるとき，相談員は，思い込みや決めつけにならない柔軟な姿勢を維持することが大切である。

そのつもりです。それなのに，死にたい気持ちがずっと続いています。ただ，もっと前から死にたい気持ちはありました。彼の自殺をきっかけに死にたい気持ちが強まったとは思いますが，そこから始まったわけではないです。

それ以前から死にたい気持ちはあったのですね。

はい。大学は何とか形だけ卒業はしましたが，就活はほとんどせず，それ以来，無為な日々を送っています。私が生きていても家のお金を減らすだけです。

そうですか，，，生きていても，家のお金を減らすだけだと？

はい。親に迷惑をかけているという自覚があります。だから，自分が死んだら親が悲しむから死ぬのはやめようなどとは思いません。むしろ，生きていても迷惑をかけるだけだから，さっさと死ぬべきだと考えています。

相談者の心の中では，親との温かな絆の体験よりも，親との関わりにおける自己非難のほうが優位である。このことは，相談者のメンタルヘルスの基盤を脆弱なものにする，重要な要因になりうる。

その言葉を聞いて，ドキッとしました。さっさと死ぬべきだというお考えをもう少し教えていただけますか？

今ここでのやり取りにおける相談員の感情体験の自己開示によって，相談者の発言が与えたインパクトの大きさを伝えるとともに，相談者とのつながりを強めている。

私がこのまま生存を続けても，人生が開けることはありません。それならば，無駄に生存を続けるのではなく，いっそすぐに死んだほうが経済的に家族の助けになると判断しました。

すごく，淡々と冷静に考えているようですね。

私の生存は無駄そのものです。

自分は無駄に生き続けていると。

はい。

あなたにとって「人生が開ける」とはどういうことなんでしょう？　どうなったら人生が開けたと感じられますか？

普通の人間として生きることですかね。自分で働いたお金で，ひとりで自立して生活できることです。

そうですか。経済的に自立して生活していけることが，あなたにとって人生が開けるうえで大事なことなんですね。そして，今はそういう見通しが得られないということでしょうか？

相談者の自己否定があまりにも強固なので，相談員はいったんその話題を離れてみることにした。このとき「とても強く固く自分の生存の価値を否定されているんですね」，あるいは「あなたがとても強く固く自分の生存を無駄だと信じておられることに衝撃を受けました」といった言葉で，いったん自己否定を受けとめてから話題を変えたほうがよかっただろう。相談員は，話題を変えて，相談者の言葉を引用しながら，事態の改善に向かうイメージを探究しようとしている。

そうです。私は，自分でちゃんと自分の生活をコントロールできる人間ではないようです。私の考え方を端的に言えば，「ゴミはゴミ箱へ」といったところでしょうか。

そうですか，それほど絶望的な思いに取りつかれているのですね。

相談者の強烈な自己否定を即座に打ち消そうとせず，穏やかに受けとめている。

別に悲観しているわけではないです。ただ現実を冷静に見ているだけです。

そうなんですね・・それこそが現実だと冷静にとらえておられるのですね。

はい。

そんなふうに現実をとらえると，つらいですね。

相談者の認識をありのままに描き出しながら，そこに潜在的にともなっている感情体験を顕在化させようと試みている。

つらくはないです。私にとっては当たり前のことなので…別に今に始まったことでもないですし，そういうものなんだって思いますね。

それを現実としてとらえたとき，気持ちはどうですか？あなたはどんなお気持ちなのでしょうか？

相談者がつらい感情はないと述べたので，どのような感情があるのかをオープンクエスチョンで問いかけている。

特に感情はありません。ただ死にたいと思うだけです。

現実をありのままに受け入れているような，そんな状況が伝わってきました。

そうですね。自分でもそんな気がします。

そんななかでも，今日はこちらに相談しに来てくださった。

> ここに相談したという事実を取り上げることで，そこに潜在する建設的な動機，つまり，よりよく生きようとする相談者の動機を示唆している。

そうですね。

死ぬこと以外に何か他の道がないか，せっかく相談に来てくださったので，一緒に探りたいと思うのですが，いかがですか？

> 何とか自己否定を確認するだけで終わらないように，相談員も粘りを見せている。相談に来たという，相談者がすでに示している肯定的な事実をあらためて共有することから，建設的な会話を切り拓こうとしている。ただし，会話の方向性の押しつけにならないよう，提案したうえで，相談者の意見を求めている。

人間が自分で自分を殺してはいけない理由は，結局，何なんでしょう？

> 相談者は再び，実存的な問いをストレートに問いかけている。

これまで，誰一人，この問いに納得できる答えを返してくれた人はいません。

> 相談者はこの問いに取り組むなかで，孤独を体験してきたものと思われる。

自分で自分を殺すことを避けなければいけない理由が私にはどうしてもわかりません。

あなたはその理由を問い続けておられるのですね。

そうですね。ちなみに心療内科の先生は「あなたの生存もまた，経済を回しているから」でした。

正直，ちょっと無理があるのでは？　と感じました。

確かに，経済を回すことが生存理由というのは，納得できるものではありませんね。私も同感です。

他の方は何と？

母は「丈夫で健康な身体を持ちながらそんなことを言うなんて，わがままだ」と。

そうですか。お母さんにはあなたの気持ちに寄り添ってもらえないようですね。

いえ，別に寄り添ってほしいと思っていません。私は他人がどう思おうが，一切関心ないです。ただ死にたいだけですし，それを止めなければならない理由がわからないのです。

相談員は率直に自分の考えを述べ，相談者と同じ地平に立って，一緒に考えていく姿勢を示している。つまり，この問いに取り組みながら，相談者を孤独にさせないようにしている。

相談者は一貫して，重要な他者に「わかってほしい」「理解されたい」「気持ちを共有したい」というニードを否定している。相談者はこうしたニードを満たそうと試みて繰り返し挫折し，諦めてしまったのかもしれないし，自分にはそういうニードを満たしてもらう資格などないと感じているのかもしれない。この時点で，人間として健全なこうした基本的ニードに対する相談者の態度を話題に取り上げてもよかっただろう。

「経済の回し手」だから死んではいけないと言われても，少しも納得できないですし，健康な身体を持っていることは死んではいけない理由にならないと思います。母も母で考えるところはあるのだろうと思いますが，なぜ自殺がだめなのかはわからないままです。

必死でそれを問いかけているのですね。

そうですね。

結局なんでなのかはわからないままではあっても，これまでいろいろな答えを自分なりに考え抜いてこられたんですね。

相談者の自助努力，生きようとする力を明確に取り上げ，そこに気づきを向けようとしている。

この疑問を持ったまま，とりあえず生存を継続しているといったところです。

ある意味，それを問い続けることが生きる理由になっているような気がしますが。。。

明確な答えが得られないので，自死をしてはいけない明確な理由はないのでは？ それなら死んでもいいのでは？ とずっとぐるぐると考え続けています。

そうですか。では，逆に，自死をしてもいい理由というのは問いかけられましたか？

それははじめて問われました。

私なら「他人の自殺を止める権利を持っている人」はいないからと答えますかね。

明確に「他人の自殺を止める権利が認められている人」が究極的には存在しないから，という感じです。

それは十分な答えでしょうか？

「他人を止める権利を持つ人」って，最終的にはいないように思います。

確かに，最終的には「他人の自殺を止める権利を持つ人」はいないのだと思います。

しかし，他人の自殺を止めるのに十分なほどの影響力を与えることはできるのではないかと思います。いかがでしょうか。

相談員は，自らの着想を表現することで，相談者とは異なる視点を持った他者として，相談者の前に立ち現れた。このとき，相談者は，この問いに一緒に取り組んでくれる他者を体験したと言えるかもしれない。

相談員は押しつけにならないような仕方で率直に自分の考えを提示し，それに対する相談者の意見を聞いている。こうしたコメントは，あくまで相談者が考えていくことを促進するための刺激であって，相談者の考えの誤りを指摘する論争ではないことに注意してほしい。

たしかに他人にも影響力はありますね。最終的な決定は本人にしかできないけれども，途中段階で影響を受けることはありますね。

「決断は本人次第ではあるが，そこに至るまでに影響を与えることは可能」ということで大丈夫でしょうか？ 確かにそうですね。

相談者は，最初，相談員の考えとして提示された考えを自ら追求し，自分の言葉で再提示した。

ご自身で答えを見つけられていますね。

なるほど確かにそれはそうですね。

相談者は相談員との対話の中で獲得した新しい見方をじっくり味わって，自分の考えへと同化している。

今までで最も納得感があります。

答えはご自分でお持ちのように思いました。本日の相談時間はあと 20 分となりましたが，ここまで話してみられて，いかがでしたか？

相談者は，受容的でありながらも自分とは異なる視点を持つ相談員と率直に対話を重ねるなかで，自らの考えを発展させることができた。それにともなって，「納得感」という肯定的な情動体験がもたらされている。これは治療的な変化・成長にしばしばともなう感情のひとつである。

話したことで，自分のなかで考えに変化が起きたように思います。

そうですか。それはよかったです。どんなふうに考えに変化が起きましたか？

相談者が経験した変化について問うことで，その変化をさらに発展させ，踏み固めている。

うまく言えませんが，もしか
したら自分の考えとは違う，
別の考え方もあるのかもしれ
ないと思えました。

そうですか。そのように心を
開いて対話していただけたこ
とを，嬉しく思います。

相談員は，相談者との関わり
のなかで体験された肯定的な
感情を自己開示することよ
り，相談員の側からの温かな
関係体験を伝えている。これ
によって，相談者にも温かな
関係体験が生じるよう促進し
ている。

もしまた考えが行き詰まった
際には，良ければ相談させて
ください。

もちろんです。そういうとき
には，ぜひまた相談に来てく
ださい。

お話しできて良かったです。
ありがとうございました。

こちらこそ，お役に立てたな
ら良かったです。本日はあり
がとうございました。最後に
終了のメッセージを送らせて
いただきます。

〈相談終了のご挨拶〉
ご相談ありがとうございまし
た。明日以降，あらためてご
相談いただいた場合は，別の
相談員が対応させていただく
こととなります。その場合
も，今日のお話を確認してか
ら相談にのることができます
ので，安心してご利用くださ
い。

■振り返り

　相談者は，「死にたい」思いを抱えており，「自殺してはいけない理由が分からない」と言う。相談者の相談への求めはシンプルで一貫している。「なぜ生きなくてはいけないのか」「なぜ自殺してはいけないのか」という問いに正面から向き合い，一緒に取り組むことである。相談者はこの問いを信頼できる周りの人に問いかけてきたけれども，誰一人，納得のいく答えを与えてくれた人はいなかったと言う。

　こうした問いは実存的な種類の問いであり，人生があらゆる人間に課している問いである。哲学的にこの問いを考え抜いて，一定の普遍性を持つ答えにたどり着く人もあるのだろう。実存的な心理カウンセリングは，問いを巡って率直に対話するという哲学的な側面も持ちつつも，問いをめぐる相談者の内的体験に注目し，相談者の問いへの取り組みをサポートしながら，対話を通した人格的な成長を目指すものである。こうした実存的な問いに真剣に取り組むことが，人の心理的成長をもたらす重要な契機となると考えているのである。

　この事例では，相談者は自らを「ゴミ」にたとえるなど，きわめて自己否定的である。また，そのような自己イメージにともなう痛みをも否定し，つらくないと言う。さらには，自分の思いを母親や主治医などにわかってほしいとも思わないと言う。

　相談員は，相談者のこうした語りに触れてつらく感じるが，その気持ちを表現しても，ばっさり跳ね返されてしまう。相談員からすれば，とりつく島がないという感じである。こうした相談者との対話では，相談員の側につらさが募り，なんとも重苦しい気持ちになっていってしまうものである。相談員は何とか建設的な会話に持ち込もうとして，解決イメージを探ったりもしてみるが，あまりうまくいかない。

　相談者はあくまで「なぜ自ら死んではいけないのか」という問いを問い，相談員に一緒に考えることを求める。この問いを巡ってやり取りするなかで，相談者がこれまでに主治医と母親に，この問いを投げかけてきたことが

明らかになる。そこで返ってきた答えは，「生きるのは経済を回すため」「自ら死ぬのはわがまま」といったものであった。これらの答えは，相談者にとって知的に納得できないものであるばかりか，相談者とのつながりを育むものでも，相談者が生きていくのを助ける力になるものでもなかった。相談者はこの問いとともに，潜在的に孤独を体験してきたのだと言えるだろう。

　相談員は自分自身の考えを提示し，相談者の考えを刺激していった。そのなかで，相談者は「他者に誰かの自殺を止める権利はあるのか？」という問いに取り組むようになり，「止める権利はないが，止められるほどの影響を与えることはできる」という答えにたどり着く。こうした対話の結果，相談者は，自分の考えとは異なる考え方もあるのかもしれないと思うように，心境が変化したと述べている。おそらくこの変化には，人と人との間のつながりが持つ影響力についての認識の変化が，含まれているのであろう。そして，そのような変化がもたらされた背景には，相談員との関わりが作用しているものと考えられる。すなわち，相談員が相談者の問いを真剣に受けとめ，同じ一人の人間として自分の考えも伝えながら，一緒に取り組む姿勢を示したという関わりである。相談者が求めていたのは，問いに対する答えであると同時に，同じ地平に立って問いを探求する他者であり，その他者との温かい関係でもあったのだろう。

　ここに示した事例は，実存的な問いを巡る真摯で率直な対話であるが，心理カウンセリングを基礎としていることは明らかである。死にたいという思いに強く傾斜し，自殺してはいけない理由はないという考えにとらわれていた相談者が，相談員との1時間あまりの対話を通して，他の考え方もありうるかもしれないという思いに至り，「考えが行き詰まったらまた相談したい」と発言したのである。ささやかではあるが，重要な心理的変化がここには見られる。そしてこの変化は，単につらい思いを吐き出して楽になったというような一時的な気分の変化にとどまるものではなく，これまでなかったほどの「納得感」をともなうものであり，一定の持続性を持つ可能性が十分に期待されるものである。

　なお，実存的カウンセリングに興味を持たれた方は，ヤーロム（Yalom,

2009），フランクル（Frankle, 1952）などの入門書を参照してほしい。

5．まとめ

　以上，心理カウンセリングとしてのSNSカウンセリングの可能性を探究するため，3つの事例を提示してきた。これらはそれぞれ，認知行動療法的なアプローチ，短期療法的なアプローチ，実存療法的なアプローチの考え方や技法に依拠したものである。

　SNSは文字によるメッセージのやり取りが中心であり，非言語的な情報のやり取りに制約があるため，SNSでは効果的な心理カウンセリングはできないと考えている専門家が多いように思われる。SNSにコミュニケーション上のそうした制約があるのは事実であるが，それでもなお，相談者によっては対面の心理カウンセリングと比較しうる効果をもたらす場合があるのも事実である。本章に提示した3つの事例は，そのような場合を具体的に描き出したものである。これらの事例が，SNSをはじめとする対面以外の支援方法に関する専門家の考え方に影響を与えることを期待したい。

　最初に述べたように，心理カウンセリングの領域においては，伝統的に対面の面接こそが誰にとっても常に最も有効な形態であるという考えが，議論される以前に前提とされてきた。このことは，結果的に心理的な支援を必要としている人たちが，早期に支援につながるのを妨げてきたと言えるだろう。さらに言えば，対面による継続的な心理カウンセリングの効果を最大限に引き出すことをさえ，妨げてきたと言えるかもしれない。

　たとえば，継続来談中のクライエントが，何らかの出来事から調子を崩し，不安や抑うつ感が高まって来談できなくなってしまった場合について考えてみよう。こうした場合，伝統的な心理カウンセリングにおいては，たとえクライエントが自宅のパソコンでビデオ通話ができる，あるいは電話やSNSを用いてコミュニケーションできる状態であっても，対面以外のコミュニケーション方法での支援を検討することもなく，単にお休みにしてしまうことが多いだろう。クライエントが静養し，自分の力で来談できる状態にな

るまで回復してはじめて，カウンセリングが再開されることになるのである。もちろん，いかなるコミュニケーション方法であっても，カウンセリングをしないほうがよい状態もあるだろう。しかし，情報通信技術を用いたカウンセリングにより，より早く回復できるよう助けることが可能な場合も多い。

　ビデオ通話や電話やSNSなどを用いた心理カウンセリングには，従来の心理支援の効果を高める大きな可能性が秘められている。

【文献】

Frankl, V. E.（1952）*Ärztliche Seelsorge: Grundlagen der Logotherapie und Existenzanalyse*. Wien：Franz Deuticke.（山田邦夫（監訳）（2011）人間とは何か――実存的精神療法．春秋社）

Franklin, C., Trepper, T. S., McCollum, E. E., & Gingerich, W. J.（Eds.）（2012）*Solution focused brief therapy: A handbook of evidence-based practice*. Oxford University Press.（長谷川啓三・生田倫子・日本ブリーフセラピー協会（編訳）（2013）解決志向ブリーフセラピーハンドブック――エビデンスに基づく研究と実践．金剛出版）

伊藤絵美（2006）認知療法・認知行動療法面接の実際〔DVD版〕．星和書店

宮田智基（2019）SNSカウンセリングの進め方と基本スキル．杉原保史・宮田智基（編著）SNSカウンセリング・ハンドブック．誠信書房，pp.38-62.

日本ブリーフセラピー協会編（2019）Interactional Mind XII 特集――ブリーフセラピーテキスト＆ワーク〔改訂版〕．北樹出版

杉原保史（2012）技芸（アート）としてのカウンセリング入門．創元社

若島孔文・長谷川啓三（2018）よくわかる！　短期療法ガイドブック〔新版〕．金剛出版

Yalom, I. D.（2009）*Staring at the sun: Overcoming the terror of death*. Jossey Bass Publishers.（羽下大信（監訳）（2018）死の不安に向き合う――実存の哲学と心理臨床プラクティス．岩崎学術出版社）

第3章 対面の心理カウンセリングへの移行

1．はじめに

　SNSカウンセリングに寄せられる相談の中には，心理カウンセリングのみでの対応の難しさから，周辺領域の専門家につなぐケースがしばしばある。たとえば，自殺の危険性が高い相談者を警察につないだり，児童虐待の被害児を児童相談所につないだりして，相談者を保護してもらうことがある。経済的に深刻な状況を訴える相談者を行政の福祉窓口につなぐこと，もめ事があって民事裁判になりそうな場合には弁護士による法律相談を紹介することなどもある。SNSカウンセリングにおいてこうした場合にどのように対応するかについては，第4章で代表的な例を取り上げて解説する。

　本章において取り上げるのは，身近なリソースのなかでも，対面の心理カウンセリングにつなぐ場合である。多くのSNSカウンセリングは継続性のない単発のカウンセリングであり，継続してカウンセリングを深めていくことが望ましいと思われる相談者の場合，相談者の身近にある継続可能な対面の心理カウンセリングにつなぐことができるとよいだろう。とりわけ，SNSカウンセリングにおいて内面を振り返って感じ取り，気づきを深めていくような作業に良好な反応を示す相談者の場合，対面の心理カウンセリングに生産的に取り組めるものとおおよそ期待できる。「おおよそ」と書いたのは，SNSカウンセリングへの反応と対面カウンセリングへの反応とが一致しない相談者もいるだろうと思われるからである。文字だけに情報が制限されたSNSカウンセリングよりも，対面のカウンセリングの方が効果が高いと素朴

に信じている専門家が多いようだが，常にそうであるとは限らないということを指摘しておきたい。文字だけに情報が制限されていることによって，逆に表現が豊かになる場合もありうる。この点は，今後の研究が必要な問題であろう。いずれにせよ，現段階ではSNSカウンセリングに良好な反応を示す相談者の多くは，対面のカウンセリングにおいても良好な反応を示すものと期待してよいだろう。

　SNSカウンセリングと対面の心理カウンセリングは，コミュニケーションの様式は大きく異なるものの，いずれも心理カウンセラーによる心理支援であるという点で，提供される支援は共通の専門性に基づいている。それゆえ，SNSカウンセリングから対面の心理カウンセリングへという流れは，単に身近なリソースにつなぐという意味だけではなく，心理カウンセリングにおいて用いられるコミュニケーション様式間の移行という意味をも帯びている。つまり，文字だけのコミュニケーションによる心理カウンセリングから，表情や声やジェスチャーなどの非言語的コミュニケーションをも含んだ，対面コミュニケーションによる心理カウンセリングへの移行である。それは，いわば心理カウンセリングという大きな建物の入り口から奥座敷へと歩を進めるような展開である。

　現在，たいていの人は，「心理カウンセリング」という言葉を知っている。しかしまた，たいていの人は，心理カウンセリングとはいったいどんなものなのか，その実際のところをよく理解しているわけではない。多くの相談者にとって，SNSカウンセリングは，初めての心理カウンセリングの体験なのである。それゆえ，潜在的に心理カウンセリングへのニードがある相談者にとって，SNSカウンセリングを入り口として，そこからオーソドックスな対面の心理カウンセリングへと移行するのは自然な流れである。

　以下においては，SNSカウンセリングにおける対話を通して対面カウンセリングへとつながった事例を2例紹介し，SNSカウンセリングから対面のカウンセリングへの移行について考察することにしたい。

2．対面カウンセリングへの躊躇が和らいだ事例

　相談者は，公立中学1年の女子である。短い言葉で淡々と話し，言語表現にはやや拙いところがある。にもかかわらず，相談のプロセスにおいて，相談者自身の「相談する力」「内面の思いを言葉にする力」が引き出されていく様子を見てとることができる。そうした経過は，この相談者が対面の心理カウンセリングにおいても受益できる可能性を感じさせるものである。

　相談者は，なんとなく「学校へ行きたくない」という思いを抱えて相談してきた。小学生のときにいじめられた経験を持ち，周囲とのコミュニケーションに難しさを感じているようである。

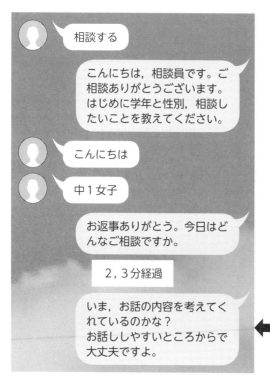

相談員による最初の応答後の沈黙はよく見られる。相談することに慣れていなかったり，躊躇したりしている可能性もある。こちらから話しかけ，相談を促してみる。

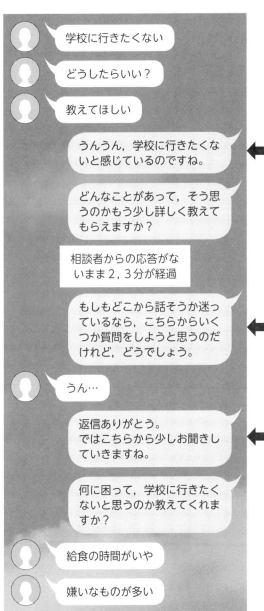

受容しながら,「行きたくない」という感情表現に「感じている」と付け加えることで,感情と行動の分離を意識するよう試みる。

沈黙する状況から,「どんな」や「そう」などの指示語,「話しやすいところ」など抽象的な問いには,反応しにくい傾向が推察されるため,もう少し具体的に尋ねる提案をしてみる。

応答してくれたことを肯定・承認しつつ,相談に対する不安が取り除かれるよう,そのつど言葉を吟味し,どのような言葉に親和性があるかをアセスメントしていく。

56

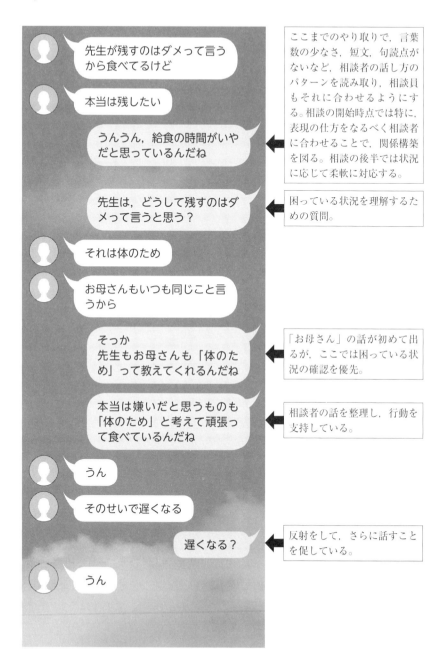

先生が残すのはダメって言うから食べてるけど

本当は残したい

うんうん，給食の時間がいやだと思っているんだね

ここまでのやり取りで，言葉数の少なさ，短文，句読点がないなど，相談者の話し方のパターンを読み取り，相談員もそれに合わせるようにする。相談の開始時点では特に，表現の仕方をなるべく相談者に合わせることで，関係構築を図る。相談の後半では状況に応じて柔軟に対応する。

先生は，どうして残すのはダメって言うと思う？

困っている状況を理解するための質問。

それは体のため

お母さんもいつも同じこと言うから

そっか
先生もお母さんも「体のため」って教えてくれるんだね

「お母さん」の話が初めて出るが，ここでは困っている状況の確認を優先。

本当は嫌いだと思うものも「体のため」と考えて頑張って食べているんだね

相談者の話を整理し，行動を支持している。

うん

そのせいで遅くなる

遅くなる？

反射をして，さらに話すことを促している。

うん

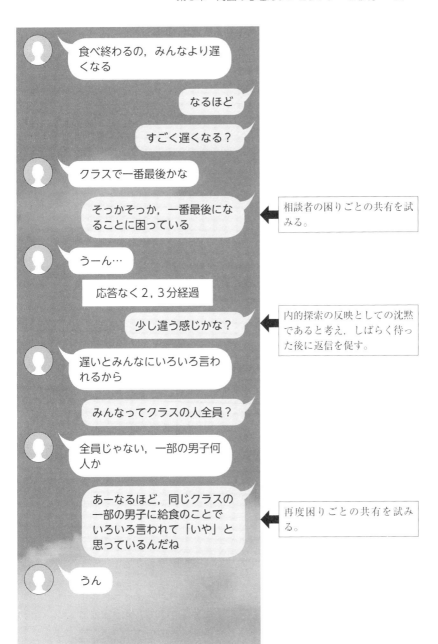

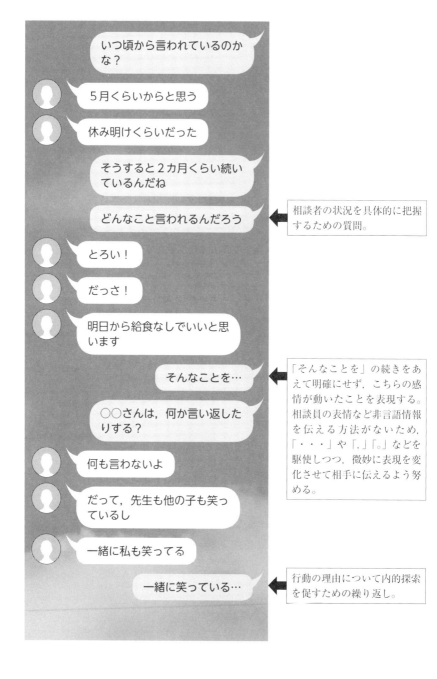

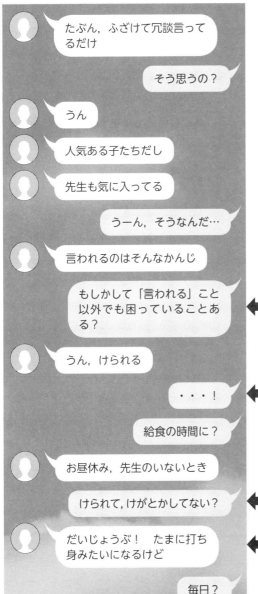

たぶん，ふざけて冗談言ってるだけ

そう思うの？

うん

人気ある子たちだし

先生も気に入ってる

うーん，そうなんだ…

言われるのはそんなかんじ

もしかして「言われる」こと以外でも困っていることある？

ここまでの内容からいじめの可能性を視野に入れつつ，相談者本人も「一緒に笑っている」ことについて内的探索を深めていきたいところである。しかし，ここではいじめの状況を把握することを優先し，さらに状況を尋ねている。

うん，けられる

・・・！

「・・・！」と表現することで，こちらの非言語情報を補っている。相談者の感じている複雑で微妙な感情とズレたことを言ってしまうのを避けるために，同情的な言葉や，あからさまな怒りの表現などは，あえて書かない。

給食の時間に？

お昼休み，先生のいないとき

けられて，けがとかしてない？

緊急性を確認している。

だいじょうぶ！ たまに打ち身みたいになるけど

この「だいじょうぶ！」から，相談員にも気づかいを示しており，「周囲に気を遣う」相談者の行動パターンを読み取ることができる。

毎日？

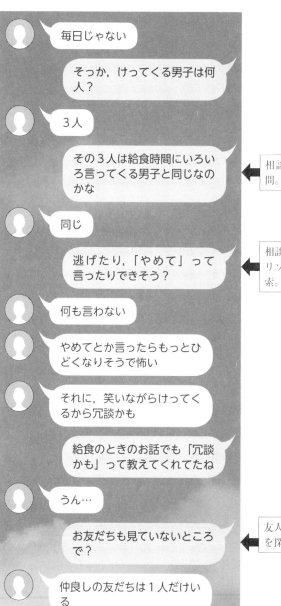

毎日じゃない

そっか，けってくる男子は何人？

3人

その3人は給食時間にいろいろ言ってくる男子と同じなのかな

相談者の状況を確認する質問。

同じ

逃げたり，「やめて」って言ったりできそう？

相談者自身がどの程度，本人リソースを持っているかを探索。

何も言わない

やめてとか言ったらもっとひどくなりそうで怖い

それに，笑いながらけってくるから冗談かも

給食のときのお話でも「冗談かも」って教えてくれてたね

うん…

お友だちも見ていないところで？

友人がリソースになりうるかを探索。

仲良しの友だちは1人だけいる

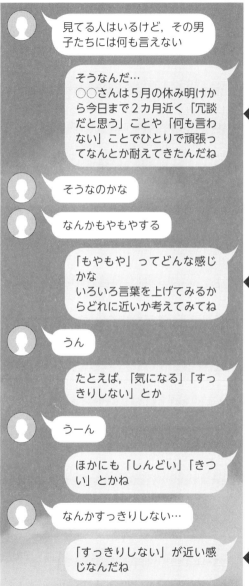

見てる人はいるけど，その男子たちには何も言えない

そうなんだ…
○○さんは5月の休み明けから今日まで2カ月近く「冗談だと思う」ことや「何も言わない」ことでひとりで頑張ってなんとか耐えてきたんだね

相談者の対処行動を「耐える力」として強調している。

そうなのかな

なんかもやもやする

「もやもや」ってどんな感じかな
いろいろ言葉を上げてみるからどれに近いか考えてみてね

どんな感じかを細分化し，内的な探索を支援する。

うん

たとえば，「気になる」「すっきりしない」とか

うーん

ほかにも「しんどい」「きつい」とかね

なんかすっきりしない…

「すっきりしない」が近い感じなんだね

相談者から気持ちを表現する言葉が初めて出てきた。受容的に反射し，強化している。

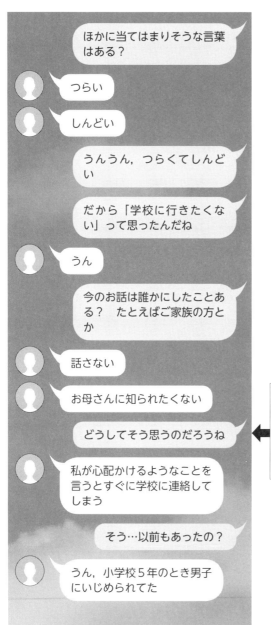

ほかに当てはまりそうな言葉はある？

つらい

しんどい

うんうん，つらくてしんどい

だから「学校に行きたくない」って思ったんだね

うん

今のお話は誰かにしたことある？　たとえばご家族の方とか

話さない

お母さんに知られたくない

どうしてそう思うのだろうね

私が心配かけるようなことを言うとすぐに学校に連絡してしまう

そう…以前もあったの？

うん，小学校5年のとき男子にいじめられてた

相談のはじめのほうで母親の話題がすでに出ていたことから，母親の影響力が強いことがうかがえる。母親がリソースになりうるかを探索していく。

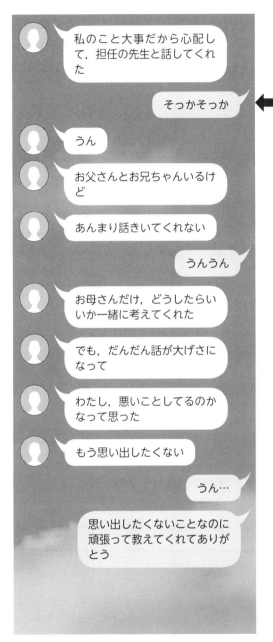

私のこと大事だから心配して，担任の先生と話してくれた

そっかそっか

母子密着の可能性を視野に入れて，さらに話を促すための相槌。

うん

お父さんとお兄ちゃんいるけど

あんまり話きいてくれない

うんうん

お母さんだけ，どうしたらいいか一緒に考えてくれた

でも，だんだん話が大げさになって

わたし，悪いことしてるのかなって思った

もう思い出したくない

うん…

思い出したくないことなのに頑張って教えてくれてありがとう

「思い出したくない」というように自分の考えを伝えることはとても大切なことです

特に大切なメッセージの際は，ここまでと語調を変えて「です」をつけ，印象に残るように伝える。

小学校5年生のときの経験から，お母さんに心配をかける前に自分でなんとかしたいと考えてここに相談に来てくれたのですね

過去のうまくいかなかった経験を通して成長した相談者という見方を強調する。

うん

○○さんが「学校に行きたい」と思うにはどうなっていけばいいと考えていますか？

「困りごと」の整理が一段落したところで，相談者の考えを明確にすることを試みる。

男子たちが，給食の時間にいろいろ言わないし，けらないのがいい

うんうん，そうだよね

どうすればいいか一緒に考えましょう

うん

ここまでお話をお聴きして，相談員が思ったことをお伝えします

特に相談者に伝えたいことを印象に残すための前置き。

うん

クラスの男子から給食の時間にいろいろ言われることや，お昼休みにけられていることについて○○さんは「ふざけている」だけかもしれないって思うと教えてくれたよね

うん

でもね，なんか「すっきりしない」もやもやした感じや「つらい」気持ちもあって「学校に行きたくない」って思ってしまうということは，○○さんの心は傷ついているのではないかなと相談員は思います

それに，先生のいないところでけられていることで，打ち身よりひどいけがをしないかも心配です

相談者が明確に認識できていない危険の可能性についてあえて伝えている。

・・・

傷ついた心をこのままにしておくと，もしかしたらもっと学校に行きたくないって考えてしまうかもしれない

うん…

そうなる前に誰か，○○さんの近くにいる学校の大人の人にお話をして助けてもらう必要があると相談員は思います

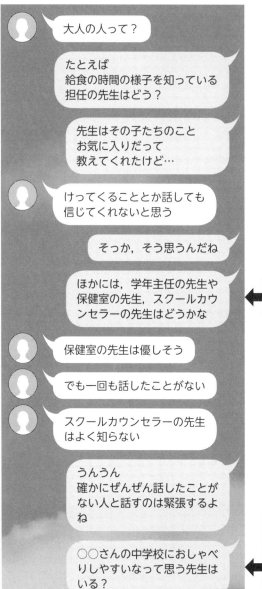

大人の人って？

たとえば
給食の時間の様子を知っている
担任の先生はどう？

先生はその子たちのこと
お気に入りだって
教えてくれたけど…

けってくることとか話しても
信じてくれないと思う

そっか，そう思うんだね

ほかには，学年主任の先生や
保健室の先生，スクールカウ
ンセラーの先生はどうかな

気持ちの明確化と同様に，こ
こでも具体的に伝えていく。

保健室の先生は優しそう

でも一回も話したことがない

スクールカウンセラーの先生
はよく知らない

うんうん
確かにぜんぜん話したことが
ない人と話すのは緊張するよ
ね

○○さんの中学校におしゃべ
りしやすいなって思う先生は
いる？

提案に対し抵抗を示したの
で，受容したうえで続けて次
の提案をする。受容・共感に
終始することで，ネガティブ
に展開し「誰も話す人がいな
い」という見方が強化されて
しまう可能性を回避。

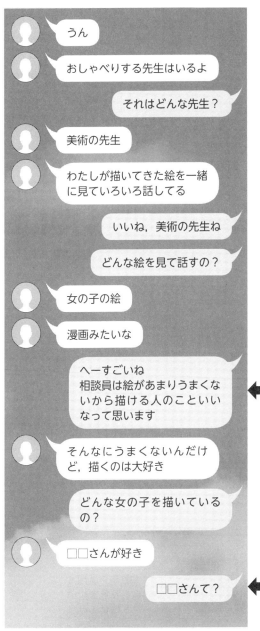

うん

おしゃべりする先生はいるよ

それはどんな先生？

美術の先生

わたしが描いてきた絵を一緒に見ていろいろ話してる

いいね，美術の先生ね

どんな絵を見て話すの？

女の子の絵

漫画みたいな

へーすごいね
相談員は絵があまりうまくないから描ける人のこといいなって思います

そんなにうまくないんだけど，描くのは大好き

どんな女の子を描いているの？

□□さんが好き

□□さんて？

自己開示し，相談者の持っている強みを肯定・承認する。「すごい」などのポジティブな表現を使う場合は，このように相談員自身のことを具体的に開示するなどの工夫によって，安易に慰めたりもちあげたりしているような印象にならないように慎重に。

相談者の内的な豊かさを示唆する話題が出てきたことは，相談が深まるチャンスといえる。さらに，リソースとして関わってくれる可能性がある「美術の先生」へとつながるように，相談者の世界観に興味を持って関わっている。

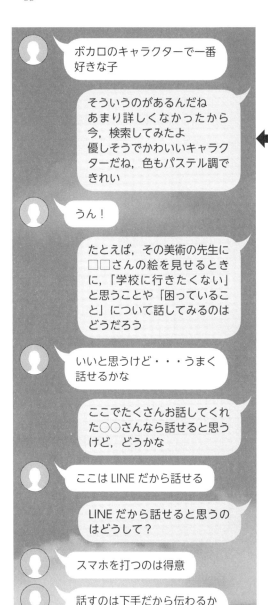

ボカロのキャラクターで一番好きな子

そういうのがあるんだね
あまり詳しくなかったから今，検索してみたよ
優しそうでかわいいキャラクターだね，色もパステル調できれい

うん！

たとえば，その美術の先生に□□さんの絵を見せるときに，「学校に行きたくない」と思うことや「困っていること」について話してみるのはどうだろう

いいと思うけど・・・うまく話せるかな

ここでたくさんお話してくれた○○さんなら話せると思うけど，どうかな

ここは LINE だから話せる

LINE だから話せると思うのはどうして？

スマホを打つのは得意

話すのは下手だから伝わるか自信ない

SNS カウンセリングの特徴の一つとして，並行してウェブ検索をしながら話を進められることが挙げられる。事実の描写に加えて相談員の素朴な実感を話すことで，相談員が生き生きと反応しながら関わっていることが伝わる。

うんうん，うまく話せるか不安なんだね
たくさん話さなくても，短い言葉で伝わると思うよ

ここでも相談者の不安な気持ちに寄り添いながら次の提案をして，不安を強化しないように関わっている。

うん…でもどう言えばいい？

そうだね…○○さんはなにかいい考えはある？

困っています

相談したいです…とか

うんうん，いいね

そのあとに
「給食の時間がいや」とか
「学校に行きたくない」とか
「3人の男子にけられている」とか
ここで話してくれたことをそのまま短い言葉で伝えると良いと思います

相談者が主体的に話すことができている言葉を使って，具体的に提案。

もし○○さんがよければ，今日の相談のスマホ画面を見せながら話すのもいいかもしれないね

相談経験がなく，コミュニケーションに苦手意識がある場合，ここで整理したやり取りをそのまま見せることを提案できるのも，SNSカウンセリングのメリットである。ただし，スマートフォンの学校内での使用が禁止されている場合もあるため，配慮の言葉かけをしてもよいだろう。

なるほど！

それならできそう，話してみる

うんうん
いいと思うよ

あと，美術の先生に，「保健室の先生かスクールカウンセラーさんに伝えてほしい」と話してほしいと思います。
保健室の先生やスクールカウンセラーさんは，学校で困ったり悩んだりしている人のお話を親身になって聞いてくれますよ

相談者が対面での相談に肯定的になったことが確認できたので，その先のアクションに意識を向けている。

うん，言ってみる

あとはね，もし一人で心細かったら今日話してくれた仲良しのお友だちと一緒に話に行ってもらう，という方法もあるよ

はい！

「うん」から「はい」へ言葉の選択に変化があったことで，ある一定の関わりができたと判断し，クロージングへと進めていく。

今日は勇気を出して相談に来てくれてありがとう
今の状況をどうにかしたくて相談することができる○○さんは，自分のことを冷静に見つめて考え，行動する力を持った方だと思います

ありがとうございます

ほかに話しておきたいことはありますか

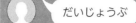 だいじょうぶ

わかりました
今日はたくさんお話をしてく
れたので，あとで疲れが出る
かもしれません
ゆっくりと休んでね
○○さんが美術の先生に今日
のことをお話しできるように
応援しています

もし，美術の先生と話すチャ
ンスがなかったり，話しても
「つらい」が続くときは，一
人でこのまま悩まないでまた
相談に来てほしいと思います
この相談は○時から○時受付
で○月○日まで毎日やってい
ますよ

今回の相談のなかではできる
と感じた相談者が，実際の場
面では躊躇してしまうことも
考え，この相談場所があるこ
とを思い出してもらえるよう
に関わっている。

 はい！

では最後に終了メッセージを
送りますね

 はい！

〈相談終了のご挨拶〉
ご相談ありがとうございまし
た。明日以降，あらためてご
相談いただいた場合は，別の
相談員が対応させていただく
こととなります。その場合
も，今日のお話を確認してか
ら相談にのることができます
ので，安心してご利用くださ
い。

■振り返り

　SNSカウンセリングでは，対面で話すことが苦手な相談者からのアクセスも多い。この事例のように，「学校に行きたくない」と話し始めても，なぜ行きたくないかをはっきりと説明できず，不安だけが大きくなっていることもよくある。幼さが残る短い表現が続く場合には，相談者が内省や言語化の力をどの程度持っているのかを，アセスメントしながら進めていく必要がある。気持ちを表現しにくい相談者の場合，この相談員のように具体的な言葉をいくつか並べて選択してもらうことで，内面を探索して言葉にしていくきっかけとなることも多い。また，「沈黙」も判断材料の一つである。沈黙が，どう話してよいかという戸惑いの表れである可能性が高いと判断されたら，一つ前の質問を見返し，相談者が応答しやすいように表現を変えてみる。この事例では，「もやもやする」と訴える相談者の気持ちを明確化するために，どのように表現すれば相談者の体験に添う言葉にたどり着けるか，相談員は試行錯誤を繰り返している。

　この相談者が小学校5年生時にいじめ体験を母親に告白した際，母親は学校に連絡したという。母親に相談したことは勇気ある自助努力であり，当時の相談者のリソースの表れであったと思われる。しかし，本人の想像を超えた経過となってしまったため，現在の相談者にとっては「思い出したくない」と否定的に意味づけられた体験となっているものと思われる。こうした点を考慮し，ここでは過去の経験を掘り下げることをせず，その代わりに，そのような過去の経験があったからこそ，現在の相談に至っているという肯定的な意味づけをしている。そして，相談者自身の成長にフォーカスしながら，現在頼りにできるリソースの探索に移行している。

　「普段よく話す先生は？」などの問いかけによって，誰かに相談することへの躊躇のハードルがどこで高くなり，どこで低くなっているのかを探索していくが，時には，「誰にも相談できない」「SNSカウンセリングしかない」という応答が返ってくることもある。その場合にも「なぜそう思うのか」などと尋ねながら，何らかの糸口がないか根気よく向き合うことが重要であ

る。加えて，この事例では悪口だけでなく，「ふざけて蹴る」という行動にも言及されている。時間の経過とともにいじめがエスカレートする可能性も視野に入れ，どれくらいの緊急度で身近なリソースにつなぐ必要があるのかを，見定めていかなければならない。

　この相談者は対面相談を経験したことがないようだが，相談員からの質問に対し，「保健室の先生は優しそう」とポジティブな発言が見られたことから，周囲の助けを借りる力がありそうだと判断される。そのため，周囲のリソースを順に探索し，「美術の先生」にたどりつくことができた。ただし，美術の先生が相談者をどれほど適切に支援できるかは不確かであることから，美術の先生を仲介者として，スクールカウンセラーや養護教諭という学校内の専門性を持った支援者につなぐことを試みている。

　SNSカウンセリングを訪れる思春期の相談者は，悩んでいることを他者に知られたくない，話したことがないなどの理由から，スクールカウンセリングを敷居が高いと感じていることが多い。しかし，SNSカウンセリングでカウンセラーとの対話を経験することによって，もっと相談してみようかなという気持ちが高まることはしばしばある。ただし，相談したい気持ちが高まってくると，それと同時に，相談することへの躊躇が意識されてくることもある。相談員は，躊躇を感じることは自然なことであることを理解し，SNSカウンセリングでの対話のなかで，対面で相談することへの躊躇を取り上げ，和らげていくように努めたい。

　幼いときからスマホに触れてきた世代は，テキストで会話をすることに慣れており，普段から文字，記号，スタンプ，既読スルー，未読スルーなどを駆使し，自分の状況や気持ちを伝えている。それゆえ，SNSで会話することにはあまり抵抗がなく，むしろ対面での会話以上におしゃべりになる相談者も多い。一方，対面でのコミュニケーションはSNSとは異なるスキルが必要とされるため，うまく伝わるか自信がなかったり，実際に言葉で伝える力が弱かったりすることがよくある。そうしたケースでは，そのことが対面の相談に踏み出すことへの障壁となりうるため，ここでは，うまく伝えようとせずに短い言葉で伝えてみること，さらに相談者が良ければLINEの画面を見

せながら話すことを提案し，その障壁を引き下げている。こうして「LINE
だから言えた」ことを現実場面でのリソースに変え，それを足がかりに美術
の先生につなぎ，さらにそれを足がかりに次のステップとして，スクールカ
ウンセラーにつなごうと試みているのである。

　SNSによる相談は一度きりのセッションで終わることも多く，最後の一言
まで気を抜かず，対面カウンセリングへの躊躇を和らげ，行動につながるよ
うに関わっていくことが重要である。

3．対面カウンセリングへのニードが認識された事例

　続いて，希死念慮を含む深刻な主訴を持つ高校3年生女子の事例を取り上
げたい。「死にたい」「死ぬしかない」という気持ちを繰り返し訴えるが，も
ともと言語能力が高く，対話のなかで内面の思いや感情を言葉にし，自分の
気持ちに気づいていくことができる相談者である。親子関係における傷つき
体験から，わかってほしい，誰かとつながりたいという思いが非常に強く，
潜在的に心理カウンセリングに対するニードが高い相談者であると思われ
る。

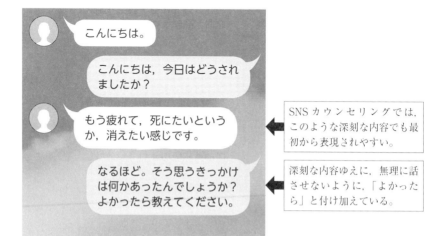

SNSカウンセリングでは，
このような深刻な内容でも最
初から表現されやすい。

深刻な内容ゆえに，無理に話
させないように，「よかった
ら」と付け加えている。

両親から「大学に行け」と強く言われるんです。それがプレッシャーです。

プレッシャー，とのことですが，どんなところから，そう感じるのでしょうか？

どんなところと言われると難しいですが，両親も兄もみんな大学や大学院にまで行っているので，行きたくないと思っても，それを言うことすらできない感じです。

ご家族がそのような状況なんですね，大学に行きたくないと思っても，それを言うことすらできないのはつらいですね。

相談者の言葉を繰り返すことに加えて，「つらいですね」という想像された言葉も伝えている。

そうですね，つらいです。進学校に入ってしまったので，後戻りできない感じがします。

逃げ道がないって，とても苦しいですよね。

苦しいです。担任の先生も苦手で話そうとも思えなくて。

自分の味方がいないと感じているのかな，と思いましたが，いかがでしょうか？

そうです。自分の味方となってくれる人はいません。未来に希望も見えないし，現状も変わらなさそうだし，これ以上つらいのは無理かなって感じです。

そんな思いを抱えながらも，今日こうして話をしにきてくださったのですね。

それだけつらいなかでも，こうして相談していることを肯定・承認する。

死ぬ前に誰かに聞いてもらいたくて。

そうなんですね。本当はどんな道に進みたいなど，考えておられることはありますか？

ここでは死にたい気持ちにはあえて焦点を当てず，死にたい気持ちの背景を考えるよう促す質問をしている。そのことが，死にたい気持ちを軽減することにつながる場合もある。

それもわからないんです。今までずっと偏差値の高い大学に行くってことしか考えてなかったので，自分が何になりたいのかそれもわからなくて…

なるほど。先が見えないまま，追い込まれたように感じたんですね。

そうです。

それで，死にたくなるほどつらくなっておられるのではないか，と感じました。

「死にたい」と言いたくなる背景を明らかにしていくこと，言葉にして伝えることで，「死にたい」という漠然とした気持ちから距離を取れることもある。

そうです。

今は，毎日どんな感じで過ごしていますか？

学校の授業中もノートを取りながら，どうやったら死ねるかなって考えています。

学校の授業中も。。。

もうちょっと普通の家庭に生まれたかったなって思います。

ご自身にとっての「普通」って，どんなことだと思いますか？

自分がこれを学びたいとか，これをやりたいっていうのがあって，それを聞いてくれる親かな。もちろん家庭の事情で，大学に行きたくても行けない人がいることはわかっていますが。

ご自身なりの自由がある，ということだと感じておられるのですね。

「普通」という言葉は，SNSカウンセリングにおいてもよく出てくるが，相談者によってその意味が異なるため，具体的に聴いていくことが相談者を理解するうえで重要なポイントとなる。相談者にとっても自分の思いや考えに意識が向き，意味のある気づきが得られることがある。

そうですね。私は友だちとどこかに遊びに行ったりとか，そういうこともできなかったので。小学生のとき，友だちに誘われて1回だけゲーセンに行ったことがあるんです。そしたら，それが親に見つかってものすごい怒られて，それから自分のなかで友だちと遊ぶ自分はよくない，みたいな感じになって。

そういう自分はよくないと感じると，自由に動けなくなってしまいそうですね。

そうですね。なので，学校で話す友だちは多くいるのに友だちと遊んだことはほとんどありません。服もまだ自分で選んで買ったこともないし。

自由を奪われて，無力感を感じられたのかもしれませんね。常にご両親の目を気にされていたのかなと感じましたが，いかがでしょうか？

相談員が，相談者の話から相談者の思いを推測して伝えるときは，ズレが生じる可能性を考え，相談者自身の思いをていねいに確認する姿勢が大切である。

そうです。常に親の目を気にして，期待に応えられるように必死でした。

そうですか…，それはつらいですね。

もう死ぬしかないって感じです。

もうご両親の期待には応えられない，と感じられているのかもしれないですね。

そうです。大学に行かなくてよくなったとしても，じゃあ，今までのこのしんどさは何だったの？って感じで，もうどっちにしても無理ですね。

もし，あなたのしたいことをできるとしたら，そのとき，ご自身ではどう感じるでしょうか？

相談者は「どっちにしても無理」と発言しているが，それ以外の視点があることも示すために，解決志向アプローチの手法で質問している。

難しいです。やりたいことがわからなくて…でも，写真には興味があって，それを趣味にでも仕事にでもできたらいいなって思います。

なるほど。それをしている，できているときの自分を想像すると，どう感じますか？

すごく嬉しいです。

嬉しい，と感じるんですね。

でも，やれる気もしないので複雑ですね。さっき，自分の味方がいないって言いましたけど，

はい。

最近はネットで探したら，自分を殺してくれるって言う人，一緒に死んでくれるって言う人がいっぱいいて，自分と同じような人がいるんだなって。味方？とはちょっと違うかもしれないですけど，そういう人と一緒に死ぬのもいいかなって…

どんなかたちでも，誰かとつながっていたいような。。。

誰かと一緒に死ぬという考えはもちろん危険な考えである。しかし，あえてその考えの根底にある，健全で切実な想いに焦点を当てている。

そうですね。今まで誰かとのつながりがなかったから，よけいにそう思うんだと思います。

SNS カウンセリングでは非言語的情報が使えないため，対面では自然と伝わるような気持ちや感覚も，言葉にすることが重要となる。

今はどうですか？　今，こうやってつながっていますよ。

相談員が問題の解決や軽減を示唆する発言をしたとき，その発言に同意できる部分があったとしても，問題が解決したわけではないこと（そんなに簡単に解決する問題ではないこと）を示すために，相談員の発言より前の状況に話を引き戻すことがある。

確かに今までこうやって話せなかったぶん，自分の話を聞いてくれる人もいるんだなって思いはあります。でも，だからといって今の状況が変わるわけではないので，やっぱり死にたい気持ちは収まりません。きっと私が望んでるのは，現状の改善か死んですべて終わりにすること。どちらかなんだと思います。

相談者が問題の解決に絶望的な感じを抱いているとき，相談側に「ポジティブな話題に水を向けたい」「相談者を励ましたい」といった気持ちが生じてくることがよくある。しかし，相談者の現状を認め，そこから逃げずに共に今のつらさにとどまることが重要である。そのことが相談者の支えになり，相談者側の視点に自然な変化が生じてくることもしばしばある。

そうなんですね。今日は，今まで話せなかったことを話してくださったのではないかと感じましたが，いかがでしょうか。

そうです，初めてお話ししました。

そうだったのですね。とても大切な気持ちを話してくださったのだなと思います。

ほかの相談者の方もいるのに，私だけ長く聞いていただくのは申し訳ないです…つらいのは自分だけじゃないでしょうから…自分よりつらい人もいるでしょうに，自分だけ聞いてもらうのは甘えすぎてるかなって思います。

ご自身もおつらいのに，そうやって周りの人にも配慮ができる。私は，とてもやさしい方なのかな，と感じます。

素直に，嬉しいです。ありがとうございます。

周りに気を遣えるというのは，とても大事なことだと思います。

ありがとうございます（笑）

相談者に対して，称賛や励ましの表現を用いることもあるが，何に対しての称賛や励ましなのかをはっきりと伝えなければ，相談者に誤解されることもあるため（この相談員は私の悩みを軽く受け取っているなど），言わなくても前後の文脈でわかるだろうなどと思わずに，言語化することが求められる。

誰もができることではないですよね。あなたの持っておられる力を活かせる方法を，一緒に考えてみるのはどうですか？

何に活かせるかわからないです…ほんとはゆっくり考えたいですけどね。自分はもうどうするか決めなければいけない時期になってますから，難しいですね。

なるほど。あまり時間がないのですね。どうやったらご自身の長所を活かせるか，ゆっくり考えたいですね・・・。

はい，授業中にでも（笑）。

授業中に考えるのは楽しそうですね（笑）。ちょっとずつでも，ご自身の先のことを考えてみてもいいかもしれませんね。

そうですね，ちょっとだけ死にたい気持ちは減ったように思います。

頭を少しくらい授業から離しても大丈夫ですよ（笑）。

そうですね（笑）。進学校っていっても寝てる人いっぱいいますから。

ここでは，これまでネガティブな表現に傾きがちだった相談者が，「（笑）」とポジティブな表現を使ったため，あえて相談員も「（笑）」と返している。しかし，相談者は，本当はつらいのにあえて軽い悩み（出来事）のように伝えてくるときもあるので，「あなたの悩みはそんなに軽いと私は考えていないですよ」と伝えるためにも，相談員は「（笑）」と打たないほうがよい場合もあるので注意したい。

あなたは，しっかり考える力を持っておられると思いますので，ご自身がちょっとでも幸せになれるように，プラスのことを考えてみるのもありかな，と思います。自分が幸せになるには，どんなことができるかな，って。

そうですね，死ぬのはまだ早いですもんね。何が自分にプラスになるか，難しいですね。

まだまだ人生は長い，そう感じているんですよね。その時間を，何が自分にプラスになるか，考えてみるのもありかと思いますが，いかがですか？　すぐに見つかる人もいるし，時間が必要な人もいるし，それぞれですから。

自分が幸せになるにはどうすればいいか考えるのもありだと思います。…あの，誰かとつながってたいってさっき言ったんですけど…

はい。誰かとつながっていたい気持ちがあるんでしたね。

相談者が何かを勧めるときは，その結果起こりうることや，うまくいかない場合もあることなども伝えておく。うまくいかない場合でも，相談者が自分を責めたり，「相談員の言うとおりにしたのに」と不信感を抱いたりすることを，いくぶんかは予防できる。

そうですね。死ぬ前に誰かに聞いてもらいたくて今日ここに来たんですけど，死にたい人が集まるところでもそうなんですけど，何か満たされないというか…すごい話を聞いてくださってありがたいんですけど，明日からどうしようという思いもあって…

何か満たされないような感じがあるんですね。もちろん，明日以降も SNS カウンセリングをしている期間は来ていただくこともできますよ。でも，それだけでは何か満たされない感じがするのでしょうか。

そうですね。すごく失礼なことを言っていると思うんですけど。

そんなことないですよ。こちらのことも気遣っていただいてありがとうございます。どのあたりが満たされない感じがしますか？

どのあたりと言われると難しいですけど，やっぱりどんな人かわからないっていうのもあるし，明日以降は別の方になるんですよね？

相談員の力不足の可能性については常に反省していく必要があるが，相談者の悩みを一度の相談で解決したり，共有したりすることはそもそも難しい。そのことを相談員がよく理解していると，「SNS カウンセリングは自分には合わない」などと言われたときにも，無力感や相談者を責めたくなる気持ちがわき起こることなく，冷静に対応しやすくなる。

特定の人に相談しているのではなく，相談機関全体で受けとめてくれているという実感を持てると，このような不安が軽減することもあるが，相談員が変更になることへの不安は，ある程度自然なものである。

明日以降は別の相談員になることもあります。話を聴いてくれている人がどんな人かわからない不安みたいなものがある？

それは少しありますね。それに同じ人のほうがもっと安心できる感じがします。

もっと安心できる感じ，もっとわかってくれるような感じがするんですね。

はい。

別の者が対応する場合でも，今日のお話を読ませていただくことができるので，続きからお話ししていただくことができますが，同じ人のほうが安心と感じられていることは，とても大事なことだと思います。

相談員は，相談者が心配や不満を抱いていても，すぐにそれを解消しようとせず，不満があるままで安全な関係を提供している。こうした関係のあり方は，相談の前半で語られていた不自由な親子関係とは対照的なものであり，修正的な新しい体験となりうる。

ありがとうございます。

学校にはスクールカウンセラーといって，話を聴いてくれる専門の人がいます。毎日来ているわけではないと思いますが，ご自身の学校にも来ているかどうか知っていますか？

相談者の周囲のリソースを勧めるときも，相談者のペースに合わせるために，どう思いますかといった質問をしながら進めていく。

はい，行ったことはないんですけど，そういう人がいるというのは知っています。ここで聴いてもらえたみたいに話を聴いてくれるんですか？

はい。ただ，Ａさんが「いいな」と思う先生でも，Ｂさんは「あまり好きではない」と思うこともあるので，ご自身の学校のスクールカウンセラーがあなたにとって話しやすいかどうかは，実際に会ってみないとわからないのです。いずれにせよ，親身に話を聴いてくれると思いますよ。

それはそうですよね。でも，初めての人に話すのは緊張します。

その緊張についてもう少し教えてもらえますか？　どんな思いが出てくるんでしょう？

よくわかりませんが，話しやすそうな人だったとしても，こういう話をすると思うと，すごく緊張するんです。

話しやすそうな人でも緊張するんですね。

はい。というか，話しやすそうな人だったら，余計に緊張するかもしれません。

というと？

やっぱりすごくわかってほしい，わかってくれる人とつながりたいってすごく思うからでしょうか。

わかってほしい，つながりたいっていう思いがすごくすごく強いから ,,,

緊張する…自分がそんなに誰かにわかってほしいって思ってるって，今まで気がついていませんでした。

そうなんですね。自分の心の中にそれほど強い気持ちがあることが，緊張のもとにあったのかもしれませんね。

はい。そうかもしれません。

自分の気持ちを親がわかってくれないというつらい経験をしてきたのですから，わかってほしいという気持ちが強くなるのも自然なことだと思います。スクールカウンセラーに話しに行こうと思うと緊張するかもしれませんが，それは話を聞いてほしい，わかってほしいという思いをもっておられるからこそではないでしょうか。

スクールカウンセラーに話しに行ってみようかなと思います。行けるかどうかまだ自信はないですが。

そうですか，そう思えただけでもすごく大きなことですね。もし緊張してやっぱり行けなかったという場合でも，じゃあどうしようかという話もここでできますから安心してくださいね。

ありがとうございます，助かります。

スクールカウンセラーのことも，ここでの相談も，ご自身のペースで，無理なくやってみてください。

はい。今日は本当にありがとうございました。まだ死にたい気持ちが消えたわけじゃないけど，少しはましになりましたし，スクールカウンセラーのことも考えてみます。

死にたい気持ちが少しましになったことも，スクールカウンセラーのことを考えてみようと思ったのも，あなたが勇気を出して相談されたからだと思います。期間中はまたいつでもお待ちしていますね。

外部リソースについての情報を得てから実際に相談に行くまでの間に，相談者はさまざまな葛藤を体験するものである。相談員は，相談者がそうした葛藤を乗り越えていけるよう，引き続き支援する用意があることを伝えている。また，外部リソースにつながった場合でも，相談者がそこで失望や傷つきを体験することもありえないわけではない。相談員は，外部リソースを紹介したことで自らの役割が終わったという気になってはならない。

現在のSNSカウンセリングは，実施期間が限られることもあるため，終わりがあることを相談者に意識してもらうよう，「期間中」や「〇月〇日まで」といったことを伝える。

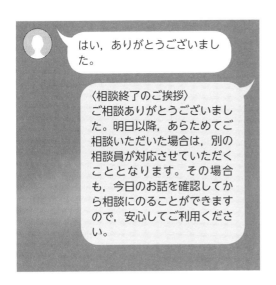

■振り返り

　SNSカウンセリングでは，「死ぬ」「死にたい」「消えてしまいたい」などの強い表現が，対面相談よりも抵抗なく使われる傾向がある。こうしたケースでは，現実に自殺を遂行しようとしているのか，「死にたいほど」「消えたいほど」つらい，という切迫した心情の表現であるのかの判断が，まず重要となる。また，繰り返される希死念慮の表現は，相談者の切迫した心情を伝えるものと判断されるが，絶望の念が深いために身近な人への相談に気持ちが向かず，匿名のSNSカウンセリングを訪れるケースは多い。実際，本事例の相談者も，スクールカウンセラーに対して，「話を聴いてくれるのか」と不安を感じていたようであるが，SNSカウンセリングは，そのような相談者もアクセスしやすいものである。SNSカウンセリングが初めてのカウンセリング体験の入り口となり，それをきっかけとして，心理カウンセリングに対するニードが意識されるようになることも多い。

　相談の後半において，スクールカウンセラーに相談することをイメージしたときの緊張感を探索するうちに，相談者は，自分の心の中に「わかってほしい」「誰かとつながりたい」という強い欲求があり，相談しようと考える

とそうした欲求が刺激され，圧倒されるのだということに気づきはじめている。このように，この相談者は自身の内面に注意を向けて気づきを深めたり，表現したりする力が高いように見受けられ，継続的な心理カウンセリングの場で，内的葛藤についてさらに取り組んでいくことが助けになる可能性が高いと考えられた。このような場合，SNSカウンセリングに戻ってくるという可能性も残しつつ，相談者の生活圏内にある対面の心理カウンセリングを紹介することが，相談者にとって有益となるだろう。

　もちろん，対面カウンセリングにつながるからといって，SNSカウンセリングの必要性がなくなるわけではない。実際に対面カウンセリングにつながるまでの支えも大切であるし，対面カウンセリングを開始してから，SNSカウンセリングのニードが再度生じる（高まる）可能性もある。相談者がどのような窓口を選ぶのかは，相談者の主体性に任されているが，相談員はSNSカウンセリングをいつでも来談してもいい場所だということを保証し，自身も再来を待つ心構えを持って対応することが大切である。

4．まとめ

　ここまで，2つの事例を通して，SNSカウンセリングから対面の心理カウンセリングへの導入を試みることについて検討してきた。この2事例のように，相談者が児童・生徒である場合には学校が身近なリソースとなる場合が多いが，成人の事例の場合には，近隣の心療内科や精神科，公的サービス，大学付属の相談室など，近隣の相談機関を調べてみるよう促すこともできるだろう。相談者に抵抗がない場合には，大まかな居住地域を尋ねた上で，近隣の心理相談機関を一緒にウェブで探して情報提供することも有益である。いずれにせよ，相談者の抱えている問題の程度，病理の水準，コミュニケーション能力，経済状況などを考慮して，より適切な相談機関につなげるように努めることが重要である。

　SNSカウンセリングは，「心の問題について相談をしたいが，その方法がわからない人」や，「対面の相談機関があることを知っていても，踏み出す

勇気が持てない人」などにとって，アクセシビリティのよい窓口となる。また，ここで取り上げたような潜在的に対面相談に適性のある相談者にとっては，対面カウンセリングにつながっていくためのはじめの体験となる。いずれの場合も，SNSカウンセリングで安心して相談できる体験が得られることで，対面カウンセリングへの移行が促進されることだろう。

　先に，対面カウンセリングへの導入は，心理カウンセリングという大きな建物の入り口から奥座敷へと歩を進める展開のようなものだと述べた。奥座敷へ進むためには，まず入り口が安心できるものでなくてはならない。また，入り口のところで，奥へ進むことでより良い体験をしてもらえる相談者なのかどうかを見立てることも重要だ。それにはまず，SNSカウンセリングの場で，相談者の話をしっかりと聴いていくことが基本となる。SNSカウンセリングは文字だけの対話であるため，やり取りできる情報量は対面相談に比べて格段に少ない。そのため，ただ受容的に聴こうとするだけでなく，相談員側が積極的に，相談者の内省を深める力や，気持ちを言語化する力，継続的に他者と関係を築ける力などを見立て，そのつど，優先すべきトピックを絞りながら対話を進めていく。そして，SNSカウンセリングと対面カウンセリングのメリット・デメリットをよく理解したうえで，有益と判断される場合に対面相談への導入を検討するのである。

　また，外部機関を紹介する際には，「ここに相談してはいけなかったのかな」「ここにはもう来てはいけないのかな」といった不安が相談者に生じることを，意識しておくべきであろう。対面カウンセリングはあくまでひとつの選択肢であること，SNSカウンセリングがいつでも戻ってきてもよい場所であることを，相談者との間で確認しておきたい。そして，相談者自身の意向を尊重しながら，対面相談に対する躊躇や葛藤，抵抗を否定することなく，共に最良の道を探っていくことが重要である。

第4章 外部リソースとの連携

1．はじめに

　SNSカウンセリングも対面でのカウンセリングと同様に，相談者と相談員という1対1の人間関係を基本としている。こうした1対1の相談においては，相談員が相談者から聴いた話は，相談者の家族や恋人，学校の友人や先生，職場の同僚や上司など，外部に漏れないことが原則的に保証されている。だからこそ，相談者は安心して自分の悩みを相談することができるのである。秘密が守られるこうした関係性こそが，カウンセリングの効果の基礎であると言ってよい。

　しかし，相談者によって語られた悩みが，相談者の周りの誰にも知られず，相談者と相談員の二人の間だけにずっと留まっていることが，相談者の苦しみを効果的に解決していくことに役立たない場合もある。自傷他害の恐れがある場合，いじめや虐待を受けていることが認識できる（あるいは合理的に推察される）場合，経済面や福祉面の支援が必要な場合などで，特に緊急性がある場合がそれに当たる。こうした場合には，相談者の同意を得ながら，相談のなかで得た情報を関係機関に伝え，関係機関と連携して支援を行うことが必要になる。ただし，深刻で差し迫った自傷他害の恐れがある場合には，相談者の同意が得られなくても，教育委員会，児童相談所，警察などの関連機関と必要な情報共有を行う場合もある。

　2017年にSNSカウンセリングに初めて取り組んだ際，われわれは，SNSカウンセリングはあくまで相談の「入り口」であり，電話や対面での相談につ

なぐことを「ゴール」と考えていた。もちろん，対面相談にうまく橋渡しで
きたケースもあり，第3章に示したのはその代表例である。しかし，このよ
うなゴールを一般的なものとして想定することは多くの困難をもたらした。
特に中高生とのSNSカウンセリングでは，電話や対面での相談につなごうと
すると，「電話は嫌です」「スクールカウンセラーは先生に知られるから嫌で
す」「このままLINEで相談したいです」などと言われることが多かった。相
談員の方も電話や対面での相談につなぐことを意識するあまり，相談の初期
の段階で，「このことは誰かに相談していますか？」「担任の先生に相談する
のはどうかな？」などと介入しがちであった。その結果，「先生（家族）に
は知られたくありません」といった抵抗に遭い，相談からの離脱を引き起こ
してしまうこともあった。

　こうした経験からわれわれは，「SNSカウンセリングはあくまで入り口で
あり，手厚い対応ができる電話や対面での相談につなぐことがゴールであ
る」という方針は，「支援者側の論理」に基づいていることに気づかされ
た。SNSカウンセリングの利用者の多くは，少なくとも当面，「SNSで相談
したい」と望んでいるのである。

　とはいえ，継続性を前提としておらず，SNSという細い糸でのみつながっ
ているSNSカウンセリングには，当然限界がある。それゆえ，相談者の状況
や病態水準によっては，外部の支援リソースにつなぐことはやはり重要課題
となる。しかし，上述したように，相談者を外部の支援リソースにつなぐこ
とはそう簡単ではない。外部の支援リソースにつなぐためには，つなぐこと
を急がず，まずはSNSカウンセリングにおいてしっかりと相談者の気持ちを
受けとめることが重要なのである。そして，相談者に対して，目下の問題を
解決していくためには，こうした支援機関に相談する必要があるのだと理解
してもらい，動機づけていくことが肝要である。その際，対面などでの相談
に移行することにともなう不安にも，十分に配慮しなければならない。こう
した連携上の問題やそのための相談技術などについては『SNSカウンセリン
グ・ハンドブック』の第6章に詳しく論じられているので参照してほしい。

　本章では，自殺念慮，いじめ，児童虐待，そしてひきこもりの事例を取り

上げて，どのように関わりながら外部の支援リソースへとつなぎ，連携を
とっていくのかについて解説する。

2．警察に保護要請した事例：自殺念慮

　「死ぬ」「死にたい」というメッセージから始まる相談は少なくない。現代
の若者文化においては，たわいもない会話のなかでも，「死ぬ」「死にたい」
という言葉が飛び交うのが日常である。こうした言葉の意味するところは，
相談者や相談内容によって実にさまざまである。「死ぬ」「死にたい」が，追
い詰められて思い詰めた，文字通りの意味を持つこともある。「悲しい」「腹
がたつ」や「しんどい」「疲れた」などを強調した表現であることも多い。
いずれにせよ，そこには「助けて」というメッセージが込められているよう
に思われる。

　そんななか，SNS相談においては，表情や声色，コンテクストが見えない
なかで，「死ぬ」「死にたい」という言葉を目にすることになる。時には「消
えてしまいたい」「飛び降りたい」「飛び込む」などの表現になることもあ
る。これらの言葉はどのような意味を帯びているのか。その先に対話を進め
るためには，慎重に言葉を選びながら対話を重ね，まず話すに足る相手とし
て相談員を認めてもらわないといけない。そしてそのなかで，相談員は想像
力を駆使して，相談者の今生きている世界をみる眼差しを感じとろうとし，
相談者にとってのそれらの言葉の意味を感じとろうと努力する。

　そしてその言葉に，文字通りの「死」を意味する可能性が少しでも含まれ
ると判断されたら，相談員は主任相談員などと共有しながら，相談のなかで
危険度のアセスメントを行う必要がある。相談員は，相談者の「死にたい」
に込められた思いを丁寧に汲み取るよう努力し，労い，勇気づけていく。何
らかの具体的な問題が話されたら，置かれている状況を理解し，その解決方
法について話し合うこともある。その際に大切なことは，心理的に疲弊し
きっているであろう相談者にアドバイスを伝え，さらなる努力を求めること
よりも，まずは味方になってくれる誰かがいる，一人で抱えなくてもいいと

感じてもらうことだ。そのように心がけながら対話を重ねていると，死にたい思いから距離を置くことができる，何かしらの当面の対処法が見つかる，生活場面のなかの誰かに相談してみようという気持ちになる，などの何らかの展開が生じてきて，相談が終了することが多い。

　しかし，相談者がたいへん困難な状況に置かれていて，身近な相談相手もおらず，「死ぬしかない」と思いつめているケースもある。これまで努力に努力を重ね，何とか生き抜いてきたが，何かのきっかけで張りつめていた糸が切れるように力尽き，「死ぬ」ことしか見えない視野狭窄の状態に陥ってしまっている状態である。

　相談員は，このような相談者との対話は，きわめて深刻な危険と隣り合わせだということを，しっかり認識しておかなければならない。相談員の応答によっては，無力感，絶望，孤独のなかにいる相談者をさらに深く傷つけたり，自殺に向かわせてしまう可能性もないとは言えない。このとき，相談員にとってしばしば唯一の拠り所となるものは，ともかくつながりを求めてSNS相談に来てくれたということである。そのつながりのなかで伸ばされたその手をしっかりつかみ，絶望の淵から引き上げて，周囲のリソースにつなげていくことが求められる。自殺の危険性がある相談に対応するための基本知識は『SNSカウンセリング・ハンドブック』の第4章に詳しいので，そちらを参照してほしい。

　以下に紹介する事例は，「死ぬ」の連打から始まっている。母親は数年前からうつ病で入退院を繰り返している。相談者は，継父，母方祖母と相談者の3人で暮らしており，継父は飲酒すると相談者に暴力を振るう。祖母は同居しているものの親類宅で過ごす時間が長く，相談者を助けてくれるわけではなさそうである。加えて学校でもいじめを受けている。いじめについては先生にも相談したが，残念ながら解決しておらず，いじめはなお続いているという。そんななか，継父の虐待と学校でのいじめが重なり，自殺念慮を抱いての相談である。

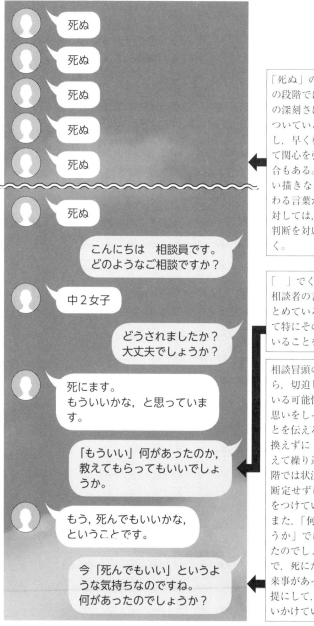

死ぬ

死ぬ

死ぬ

死ぬ

死ぬ

死ぬ

こんにちは　相談員です。
どのようなご相談ですか？

中2女子

どうされましたか？
大丈夫でしょうか？

死にます。
もういいかな，と思っています。

「もういい」何があったのか，
教えてもらってもいいでしょ
うか。

もう，死んでもいいかな，
ということです。

今「死んでもいい」というよ
うな気持ちなのですね。
何があったのでしょうか？

「死ぬ」の連打で始まる。この段階では，死にたい気持ちの深刻さはわからない。イラついているだけかもしれないし，早く相談に乗ってほしくて関心を引こうとしている場合もある。複数の可能性を思い描きながらも，「死」に関わる言葉が発せられた相談に対しては，緊急性や危険度の判断を対応のなかで行っていく。

「　」でくくることによって，相談者の言葉をそのまま受けとめているということ，そして特にその言葉が気になっていることを伝えている。

相談冒頭の「死ぬ」の連打から，切迫した状況に置かれている可能性がある。死にたい思いをしっかり受けとめたことを伝えるため，言葉を言い換えずに「　」でくくり，あえて繰り返す。また，この段階では状況がわからないので断定せずに「というような」をつけている。
また，「何かあったのでしょうか」ではなく，「何があったのでしょうか」とすることで，死にたくさせるような出来事があったということを前提にして，一歩踏み込んで問いかけている。

またさっきも，殴られました。

え！　怪我は？　大丈夫？

救急要請の必要性を判断するため，怪我の有無を確認している。安全確保の必要性についても判断しなければならない。場合によっては児童相談所への通告や，警察への緊急通報もありうることも想定し，こうした点について速やかに状況把握を行っていく。

怪我はないです

今は，危険はない？

大丈夫です

「怪我がなくてよかった」と言いたいところだが，相談者はそうした応答を「深刻さをわかってもらえていない」と受け取る可能性もあるため，あえてそのような応答はしていない。

LINE していて大丈夫？
安全なところにいる？

はい

怖い思いをしたね。
お話聞いても大丈夫でしょうか？

はい

誰に，殴られたのですか？

お父さんです

何があったのでしょうか。

いつものことなので，今日はひどくなかったから大丈夫。

いつものこと？

状況を把握するため，情報収集を行っていく。ただし，質問責めや質問しっぱなしにならないよう，その内容を受けとめて応えてくれたことを労い，負担になっていないかを感じ取りながら，ていねいに尋ねていく。

うん，お酒飲んだらいつもからんできて，嫌だと言うと怒って殴る。

え，殴るの　そんなことが。
お父さんお酒飲んだらからんでくるんだね。
何か言われたりするの？

お酒注がせたり，触ったり。

え，そんなことが，それは嫌だね。
嫌がったら，殴られるの？

そう。手を払ったりしたら，逆ギレされる。

あなたのことがとても心配。
少し，くわしく聞かせてくださいね。
こたえたくなかったら，こたえなくても大丈夫だよ。

はい

いつ頃からだろう・・・
「いつものこと」って，そういうこと，時々あるのかな？

小6の頃から。
酔ったとき，たまにある。今日あった。

児童虐待を念頭に置き，状況を把握する質問を重ねていく。また，詳しく質問する理由を説明するとともに，答えない自由が保証されていることも伝えることで，質問の圧迫感を緩和している。

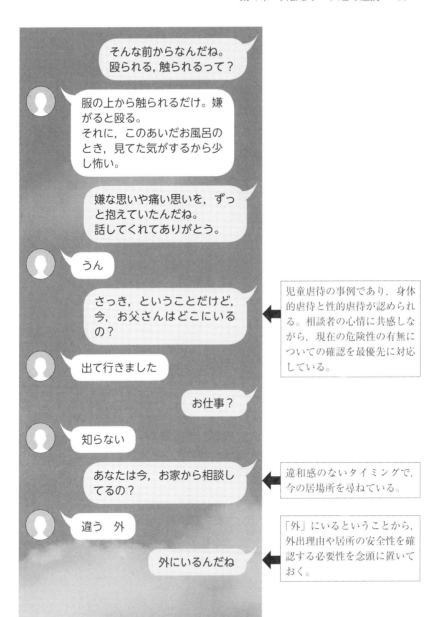

そんな前からなんだね。
殴られる,触られるって?

服の上から触られるだけ。嫌がると殴る。
それに,このあいだお風呂のとき,見てた気がするから少し怖い。

嫌な思いや痛い思いを,ずっと抱えていたんだね。
話してくれてありがとう。

うん

さっき,ということだけど,今,お父さんはどこにいるの?

児童虐待の事例であり,身体的虐待と性的虐待が認められる。相談者の心情に共感しながら,現在の危険性の有無についての確認を最優先に対応している。

出て行きました

お仕事?

知らない

あなたは今,お家から相談してるの?

違和感のないタイミングで,今の居場所を尋ねている。

違う　外

外にいるんだね

「外」にいるということから,外出理由や居所の安全性を確認する必要性を念頭に置いておく。

誰と暮らしているの？

小3の時にお母さんが離婚して，おばあちゃんのところにいる。
そこに新しいお父さんが来た。
今，お母さんは入院しています。

うんうん，教えてくれてありがとう。
ごきょうだいは？

いません

お母さんは入院中で家におられない。
今，家には，あなたと，おばあちゃんと，お父さん。
お父さんから，嫌なことをされて・・・
誰にも相談できず，一人でたいへんな思いをしているんだね・・・

◀ 相談者の置かれている状況を確認するために，相談員の理解した内容を簡潔に要約して伝えている。そのうえで，心情を共感的に推測する応答により，気持ちを話してもらえるよう促進している。

はい　つらいです

うんうん　つらいね
とてもつらい

◀ 「つらい」という感情を受けとめて反射する。単純に反射するだけではなく，言葉を重ねて強調することで，積極的に寄り添っていく姿勢を示している。

さっき，お父さんから嫌なことされそうになったとき，おばあちゃんは？

◀ 家族の関係性，家庭の状況の把握を行っている。

> おばちゃんのところに行ってます。

あなた？

> おばちゃん？
> お母さんの姉妹の方？

> そうです。妹です。
> おばあちゃんは，だいたいそこに行ってます。

> あなたは行かないの？

相談者には，いとことの関係について何か話したいことがあるかもしれないが，「相談者のリソースになり得る近親者」を探すことを優先し，いとことの関係については，今は積極的に聞かないこととした。

> 行かない。いとこと仲が悪いし，来るなって言われてる。

> そうなんだ・・・

入院中の母親との関係や，病状はどうかなどと具体的に聞くと，負担になることも考えられるので，まずは「具合」という "ふわり" とした言葉で問いかけている。

> お母さんの具合は，いかがですか？

> 何回も死にそうになるから，精神で入院してます。

母親が相談者のリソースになり得るのかを判断するためには，もう少し質問をする必要がある。

> 何回も死にそう・・・？

デリケートな問題であり，質問を重ねていくと侵襲的になるおそれがあるので，相談員から直接的な質問はせず，相談者の言葉をそのまま用いて受容しながら，相談者が続けて話すことを促している。

> はい，お父さんがお母さんも殴ったりしたので薬もいっぱい飲んだりして，何回も死にかけた。

> そうなんだね。うんうん。そんな場面も見てきたんだね。つらくて，きつい思いを，たくさんしてきているんだね。

これまでの過酷な体験を深く受けとめ，相談員をより身近な存在として感じてもらえるように，目の前でうなずいているような感覚で，言葉の合間に相づちを挟んでいる。

今話してくれたようなことを，お話している人は，ご家族以外にいるのかな。

いません

学校の先生とか，お友だちとかは？

仲の良い子は転校したし，基本，学校で話す人はいない。私，嫌われてるし。

そっか，これまで一人で抱えてきたんだね。
よくがんばってきたね。

今日は，勇気を出してここに相談にきてくれて，お話してくれて，どうも，ありがとう。

つらく苦しいことを話してくれたことを肯定・承認する。こうした働きかけは，家庭の事情を他人に話したことによる自責の念や恥の感情に対抗する力を与える。

はい
でもきつい
もういいかなって思ってます

きついね・・・
きつくて，苦しいね。
そのなかで，ほんとに，よくやってきたね。
あなたは，耐える力があるし，ここに相談に来てくれたことは，何とかしようと，考える力もあるのがわかります。

相談者のつらさの訴えが続くので，再度，相談者のリソースを描き出し，肯定・承認を行う。

そんなことないです
それに，もう耐えたくなんかない。

今日，クラスの男子から臭いとか言われてお弁当捨てられた。

え，そんなことが　それはひどい！
すごく悲しいし，悔しい！
腹がたつよ！

ひとりで泣いてた

そっか　そっか
とても，とても，つらかったね。
涙でてくるね

周りのクラスの人とか・・・
先生とかは？

見てません
見てても，なにも言いません。

担任の先生とか・・・他の先生に話すことはできないのかな。

前にしたことはあったけど，チクったって，よけいにひどくなったから。

肯定・承認が相談者の許容範囲を超えてなされると，相談者は自分のつらさが伝わっていないと感じる場合がある。ここでの肯定・承認は，「あなたは耐えられる，ひとりでも大丈夫」と突き放したようにとらえられた可能性がある。

相談者は，相談員につらさをわかってもらう必要があると感じ，他のエピソードを話し始めた。

相談者にとって，言いにくかったであろう，つらいエピソードである。ここで相談者に「どんな気持ちですか？」などと尋ねることは，相談員との距離を自覚させ，疎外感を強めることにもなりかねない。相談員が代理的に感じた感情を自己開示することで，相談員は相談者の味方だというメッセージを送っている。

横に座って背中をさするようなイメージで共感している。

前にしたことがあったんだね。
そっか，もう自分で考えてやってみてたんだね。

問題解決のために行動できたことを肯定・承認する。

もう何もかもいやだ，
生きていても仕方がない
しんどすぎ。

うんうん
しんどすぎるね

相談者は，現実に深刻な虐待やいじめに遭いながら，サポートが乏しく孤独な環境に置かれている。相談者の「死にたい」という言葉は，かなり深刻なものであると判断できる。

だから，もういいから，
死ぬ，今日。
楽になりたい
楽になったら，ダメですか？

楽になりたいよね　うんうん
ほんとにたいへんな状況を，
がんばってるよ
これだけしんどい中にいたら，思いたくなくても
誰だって，死にたい・・・と
思ってしまうよ

これほど過酷な状況に置かれれば，そういう気持ちが出てきても自然なことだとノーマライズしている。また，あえて相談員も「死にたい」という言葉を使うことで，「死にたい」に対して同じ目線で向き合う姿勢を伝えようとしている。

もう，ダメ
これ以上がんばれない。
すべてが，しんどい。

どうしたら，あなたのしんどさが減るのか，
一緒に考えたいと思う。

一緒に考えてもらえないかな

返事がないので，一緒に考えてもらえないか，あらためてお願いしている。

ありがとう
話せたから，もういい。

もう，考えるの疲れた。

そうだね
考えるのも，疲れるよね。
しんどいときに，考えよ
う，ってごめんね。

あなたが学校や担任の先生に
言うのは，しんどいな，もう
嫌だなって思うなら，こちら
から教育委員会を通じて，学
校に言ってもらうこともでき
るよ。
お父さんのことも，相談でき
るよ。

もう，今日死ぬから大丈夫。

今は，そんな気持ちなんだね。
でもね，ずっとこれまで，あ
なたがやってこれたのは，あ
なたのどんな力や思いがあっ
たんだろう。

お母さんが，かわいそう。
私しかいないから，私ががん
ばらないと，って思ってた。

お母さんを思う気持ちが，
これまであなたを頑張らせた
んだね。

でも，もう無理。

相談員の思いは受け入れられ
たが，提案には応じてこな
い。「話せた」ことで少し楽
になり，そのことを慰めとし
て，尚早に相談を終わろうと
しているようにも感じられ
る。

どうしたらいいか考えるよう
を求めたことが，相談者には
「さらに努力せよ」という
メッセージとして受け取られ
たのかもしれない。そうした
気持ちを受容・共感するとと
もに謝罪することで，関係の
亀裂を修復しようとしてい
る。

こちらが動いて外部から働き
かけてもらうことも可能だと
提案をするが，関心を持たれ
ない。

相談者自身の生き抜いてきた
力を再認識してもらうために
問いかけている。

お母さんのこと大切だね。
あなたの大切なお母さんのために，これ以上がんばれない，そう感じることは，ほんとにつらいね。

相談者の否定的な感情，苦しさをそのまま受けとめる。

うん　すごくつらい。

つらいね・・・
その気持ちはね，そう感じるのはね，これまで，がんばってきたあなたがいるってことだよ。
もう無理って感じることがあっても，がんばれなくても，あなたのお母さんへの思いは，変わらないはずだよ。

そんなことない
結局，何もうまくいかなかった。

そうなんだね・・・苦しいね。

あなたの今の心の状態，「もう無理」って思ってしまう気持ちについて，お話ししてもいいかしら。

相談員から何か新たな見解を話すという印象を持たせ，注意を引いている。話す前に話すことについての承諾を求め，相談者に相談の進行を制御させている。これによって，制御感や安全感をもたらしている。

はい…

あなたは今，お家のことも，学校のことも，困難でとてもきつい状況にいる，精一杯やってきたあなたは，もう，私にはどうにもならない・・・と感じてる。
そんな時「死にたい」と思ってしまうのは当たり前だよ
誰だってそう思ってしまう自然な気持ちです。
今の状況が，あなたにそう思わせてしまっていること。
あなたはぜんぜん悪くない。

相談者が置かれている状況では，自殺以外の解決策が思いつかなくなってしまうのも自然なことだとノーマライズしたうえで，それはあくまで心理的な視野狭窄に陥ってしまった結果であるという見方をもたらしている。

そうかもしれない
でも，もうダメなの。
お母さんに，もういい，って言われた。

少し理解を得られたかもしれないが，さらに母親との間のつらいエピソードが話される。

お母さんに，そんなふうに言われたら，悲しいね。
あなたは病気のお母さんのこと，支えてきた。
「もういい」は，「じゅうぶんやってくれてるよ，無理しないでいいよ」ってことかもしれないよ。

共感的な推測により相談者の心情を代理的に表現している。さらに，相談者が母親の支えになっていることを肯定・承認し，母の言葉については別のとらえ方もあることを伝える。

そんなこと絶対ない
お母さんも私を見捨てて死のうとした。
だから，生きるのはやめます
誰もよろこばないし，もう生きていても仕方がない。
私が悪い。さようなら。

相談員の「別のとらえ方」は強く否定された。「絶対」という言葉に，母親への怒りと悲しみの深さが伝わってくる。今回の「死にたい」は突発的なものではなく，これまで何とかやってきたが，もう限界だというSOSだと思われる。母親の自殺企図の影響も，相談者が自殺に至る危険性を大きく高めている。

今，お話しできていること，今日来てくれて，ほんとによかったです。

「相談者とのつながり」へのポジティブな感情を自己開示し，今ここの温かな関係に注意を向けている。

何回も同じことを言ってごめんね。
今のあなたの精神状態は，あまりにしんどい環境で，とても不安定になっていて，いつもの，あなたではないと思うの。
なので，もう少し，一緒にお話して。

もう，何でもいい
早く，楽になりたい

今，外にいるって言ったけど，どこにいるの？

近くの公園を歩いてる

心理的に不安定な状態で夜間に一人で公園を歩いている状況は，自殺の危険性が高いだけでなく，犯罪に巻き込まれる危険性も高い。この時点で，主任相談員は，事業主体の担当者などに状況を伝え，警察への安全確保依頼をすべきかどうかを検討してもらうよう動き出した。

近くって？！　こんな遅くに・・・
公園って，暗くない？　危なくない？
どうして，公園にいるの？
心を落ち着かせるためなのかな？

公園を歩くことを，心を落ちつかせる対処法だと示唆するなかで，「心を落ちつかせる」という文字を読ませている。その言葉が多少なりとも暗示として働き，心が落ち着く効果が生じることを期待している。

違う
死ぬ木を探しているの
ロープを持ってる

え，そうなの・・・
苦しいね
ほんとに，苦しいね

でもね，ひとりじゃないよ
あなたのことを助けたい
どうかあなたのお名前と，居
場所を教えてください。

つながってるよ

座れるところ・・・ベンチと
かある？

もう　いいから
死ぬから　大丈夫
ありがとう

事業主体の担当者は，警察に
よる緊急保護が必要な案件だ
と判断し，警察に連絡した。
情報提供を受けた警察は，や
はり緊急保護が必要だと判断
し，LINE社，携帯電話キャ
リアに個人情報開示を要請し
た。これらの電気通信事業者
は，第三者に個人情報を提供
するための条件を満たしてい
ることを確認したうえで，警
察に情報提供した。

もう一度言うね
あなたのことを助けたい
どうかあなたのお名前と，居
場所を教えてください。

相談員は，警察への情報提供
のために，居場所の特定など
必要なやり取りを行いなが
ら，保護までの間に離脱が生
じないよう，やり取りをつな
いでいく。

すぐにそこに行くから，
どこの公園か教えてもらえな
い？

周り・・・怖くない？

街灯はありますか？

変な人，歩いていないか，心配です
誰か周りに人はいますか？
あなたのことが，とても心配です。

充電は大丈夫？

相談が長くなると，充電がなくなり中断することもある。

おばあちゃんが家に帰ってきたら，あなたがいないことを心配するよ。

時間を稼ぐ呼びかけ。見てくれていると信じて，人とのつながりを再確認して思いとどまるよう言葉がけを続ける。

それに，お母さんは病気がよくなったら，あなたにいてほしいと思うよ。

今，どうしてる？
お腹空いてない？

上着を着てきていますか？
寒くない？

身体感覚へと意識を向けて，死にたい思いを離れ，今ここの現実感覚を取り戻すよう促している。

寒くない
ここは，好きな公園

お返事，返してくれてありがとうね。

返事を待っている，ということを強調する。

好き？　よく行くの？
好きな公園ってどんな公園なの？

「好き」というポジティブな発言には逃さず反応し，いくつかの質問を重ねることで，相談員が興味を感じていることを伝える。つなぎ止めながら時間を稼ぐ意図もある。

トーテムポールがある

え！　すごい！　公園にトーテムポールがあるの！素敵な公園だね！！

「トーテムポールがあるから好き」という相談者の気持ちを，心理的リソースとして受けとめ，やや大げさに反応している。

トーテムポールが，好きなの？

警察は電気通信事業者からモバイル機器の登録情報を得ているが，相談者は外にいるため，相談者が今いる場所まではわからない。他の相談員が，相談者が居住している可能性が高い地域で，「トーテムポールがある公園」を探す。こうしたやり取りによって知り得た居場所の手がかりについては，主任相談員を通じて警察と情報共有する。

うん
守ってくれそうだから

そうなんだね。
トーテムポールがあなたを守ってくれそうなんだね。
うん，きっと守ってくれる相談員もそう思うよ。

きっと，守ってくれるね。
守ってくれるから
大丈夫だね

「守ってほしい」という思いに注意を向けるよう促している。

今，トーテムポールの近くにいるの？

あなたの命に危険が迫っているのであなたを　守ってもらう　連絡をしました。
私が行きたいけど，すぐに行ける人にお願いしました。
もうすぐ，あなたのもとに助けてくれる人が行きます。
あなたに相談せずに，驚かせてしまってごめんなさい。

警察が公園を特定した旨の連絡が入る。突然警察が来ると驚く可能性があるので，相談者に，警察に連絡したことを伝える（個々の状況を見て伝えないケースもあることに注意）。

あなたに伝えたいのは・・・
あなたの命を奪おうとしたの
は，あなた自身じゃない！

これまでのつらい出来事が，
そんな気持ちにさせたんだ
よ。
「もう無理」って感じること
もある。
「死にたい」と思うことだっ
てある。
でもね，その心の奥から「生
きたい」と言ってるのが聞こ
えたよ。

あきらめないで
助けを求めてね。
守ってくれる人はきっとい
る。
今夜，トーテムポールもあな
たを守ってくれた！

今日は，相談に来てくれて，
ほんとにどうもありがとう。
あなたと，お話しできてよ
かったです。
つながって，よかったです。

ありがとう

心配しないで
そこにいてね。

今日の相談で，相談員が伝え
たかったことを最後にまとめ
て伝えている。相談者の今回
の行動が，後に何らかの自責
の念をもたらす可能性も想定
されるので，自殺企図は「あ
なたの外側にある問題がさせ
たことだ」というように，あ
らためて外在化している。そ
して，相談者自身に生きる力
と，外的・内的リソースがあ
ることを改めて言葉にして残
している。

警察より，ベンチでうずくまっている相談者を無事保護したとの連絡が入る。応答の間隔が空くことも多く，相談開始から終了まで約5時間近くが経過していた。

■振り返り

　本事例のように，相談者が深刻な自殺念慮を抱いており，現実に危険な行動を起こしつつあり，他に保護する手段がない場合には，警察に緊急保護を要請し，物理的に危機介入を行うことが必要となる。相談員は，こうした相談を受けたときにどう対応するべきか，あらかじめしっかり考えておくとともに，心の準備をしておく必要がある。

　相談員は対話のなかで，相談者の自殺念慮の深刻度や緊急度を，迅速かつ的確に判断する必要がある。自殺企図の具体性や切迫性，自殺を思いとどまる思いの強さの程度，自殺念慮の執拗さの程度，過去の未遂歴の有無，想定されている自殺方法の致命性の程度，死なない約束の諾否，などに関して情報を引き出すことに努める。自殺の危険因子と保護因子について理解しておくことも有用である。自殺の危険性があるケースだと思ったら，一人で抱えこまず，できるだけ早い段階で主任相談員と共有することも大事である。

　主任相談員は，相談事業主体の担当者に連絡すべきかどうかを適切に判断し，必要だと判断されれば速やかに連絡しなければならない。こうした事態に備えて，緊急連絡をするかどうかの判断のための方針，手続き，責任の所在，連絡体制などをあらかじめしっかりと決めておくことが重要である。

　本事例においては，相談者の現在の安全性の確認，虐待やいじめの状況についての情報収集，「死にたい」と訴える相談者の気持ちの受容・共感，これまで相談者自身が行ってきた努力や工夫に対する肯定・承認，外的もしくは心理的リソースの探索，死にたい思いのノーマライズなどを工夫して対応した。しかし，これらの対応によっても，相談者が「死ぬ」という観念から離れることはなかった。気持ちや考えを変化させ，行動を起こすためのエネルギーが残っていなかったのかもしれない。かろうじて自殺を思いとどまり，SNSでつながりながら，その場にいることしかできなかったものと想像

する。

　生命の危機に直面したとき，相談員は必死に想像力を巡らせて相談に応じる。思い込みによる安易な慰め，独りよがりの提案，努力の無理強いに陥っていないか，送信する前に自分に問いかける。何を，何のために，どう伝えるのかを短時間で判断し，応答に工夫をこらす。こうした作業に唯一絶対の正解はなく，どこまでいっても不確かな感じがつきまとう。それでもなお，「命」を受けとめる相談員として，日々真摯に相談に向き合うだけである。こうした日々の実践のなかで，相談員にとって最も大事なことは，心の底から湧いてくる「あなたに生きて欲しい」という思いに，しっかり触れ続けることではないかと思う。

3．教育委員会や学校と連携した事例：いじめ

　いじめ防止対策推進法第3条第3項には，「いじめ防止等のための対策は，いじめを受けた児童等の生命及び心身を保護することが特に重要であることを認識しつつ，国，地方公共団体，学校，地域住民，家庭その他の関係者の連携の下，いじめの問題を克服することを目指して行われなければならない」と書かれている。児童生徒の相談を受けるSNS相談員にも，児童生徒の学校生活における安心安全を守るため，いじめに適切に対処する責務がある。そのためSNS相談員には，この法律の趣旨を十分に理解し，いじめに悩む児童生徒を，身近な教職員につないだり，教育委員会につないだりすることが求められる。いじめの相談に対応するための基本的な知識については，『SNSカウンセリング・ハンドブック』の第5章を参照してほしい。

　以下に，自治体の教育委員会からの業務委託による，中高生のためのSNS相談からの事例を示す。学校でいじめを受けている相談者は，SNS相談を窓口として，相談事業の実施主体である教育委員会に対して，学校への働きかけを求めることができる。それゆえ，業務委託の取り決め内容にもよるが，こうした場合の教育委員会への連絡は，厳密に言うと業務上の連絡ということになる。その意味で，この事例における連携には，警察や児童相談所との

連携とは異なっている面がある。

　相談者は中学2年生女子である。相談者はこの相談に先立って，すでに何度かSNS相談に来たことがある（これまでは，勉強や部活，友だち関係の相談であった）。いじめは中学2年生になってから始まった。相談者はいじめについて，母親に相談したこともある。母親が学校に対応を求めたところ，いじめていた生徒への指導が行われたが，その結果，教職員の見えないところでいじめが酷くなってしまった。同じクラスの他の生徒もいじめを受けているといい，相談者は保護者や教職員に相談をしてもどうにもならないと，無力感を抱いている。

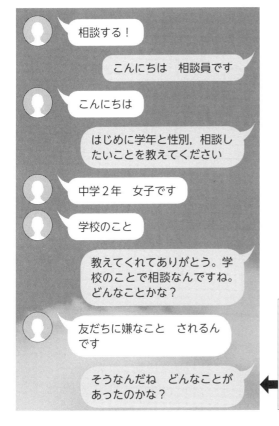

SNS上では視覚（文字）情報の印象が強く出やすいため，刺激的な言葉を使うと，相談者がかえってつらくなってしまうことがある。したがって，なるべく中立的な表現を心がけた。

116

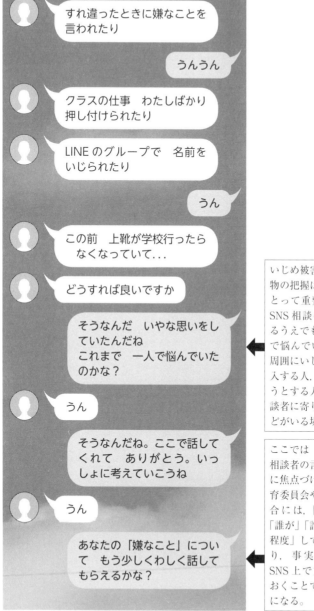

いじめ被害者の身近にいる人
物の把握は，いじめの解決に
とって重要であるばかりか，
SNS相談の方向性を判断す
るうえでも重要である。一人
で悩んでいる場合もあれば，
周囲にいじめを止めようと介
入する人，教職員に知らせよ
うとする人，被害者である相
談者に寄り添おうとする人な
どがいる場合もある。

ここでは「嫌なこと」という
相談者の言葉を使っていじめ
に焦点づけている。また，教
育委員会や学校と連携する場
合には，「いつ」「どこで」
「誰が」「誰に」「何を」「どの
程度」していたのかを聞き取
り，事実関係を整理して
SNS上で文字にして残して
おくことで，連携がスムーズ
になる。

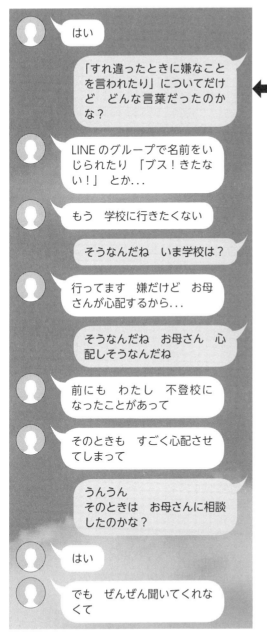

はい

「すれ違ったときに嫌なことを言われたり」についてだけど　どんな言葉だったのかな？

相談者の表現をそのまま使うのがよい場合は,「　」を使って引用する。

LINE のグループで名前をいじられたり「ブス！きたない！」とか...

もう　学校に行きたくない

そうなんだね　いま学校は？

行ってます　嫌だけど　お母さんが心配するから...

そうなんだね　お母さん　心配しそうなんだね

前にも　わたし　不登校になったことがあって

そのときも　すごく心配させてしまって

うんうん
そのときは　お母さんに相談したのかな？

はい

でも　ぜんぜん聞いてくれなくて

そうだったんだね　お母さんと　どんなお話したのかな？

学校に行きたくないって言っても　気にしすぎとか　もう少しでクラス替えでしょとか

うんうん

上靴がなくなったときは　先生に勝手に話して　ひどくなってしまったんです

お母さんが　あなたの知らないうちに　先生に言っちゃったのかな？

そうなんです

そんなことが　あったんだね

さっき「ひどく」って書いてあったけど　どんなことがあったか教えてくれる？

かげで悪口を言われたり　筆箱にいたずらをされたり

そんなことがあったんだね…

いろんなことがあったけど　学校に行ってるんだね…

はい

相談者が今の状況を，誰に，どこまで話しているのか，相談相手からどんな反応があったのかを聞き取ることで，相談者の置かれている状況や心情を把握する。相談者がいじめの相談をしにくい理由はどこにあるのかを探索する。この相談者の場合は，身近な大人の言動から，無力感を抱いていることが読み取れる。

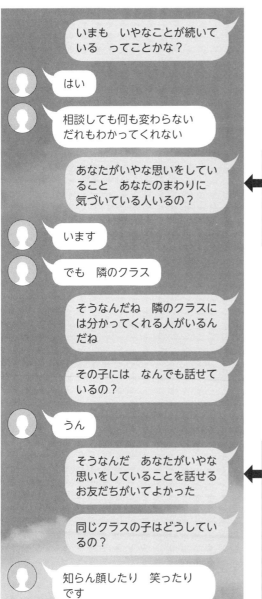

いまも　いやなことが続いて
いる　ってことかな？

はい

相談しても何も変わらない
だれもわかってくれない

あなたがいやな思いをしてい
ること　あなたのまわりに
気づいている人いるの？

相談員がこうした質問を投げ
かけることで，相談者自身，
それまで気づいていなかった
身近な社会資源（状況や思い
を共有してくれる存在）が見
つかることもある。

います

でも　隣のクラス

そうなんだね　隣のクラスに
は分かってくれる人がいるん
だね

その子には　なんでも話せて
いるの？

うん

そうなんだ　あなたがいやな
思いをしていることを話せる
お友だちがいてよかった

同じクラスの子はどうしてい
るの？

知らん顔したり　笑ったり
です

相談員の感じた気持ちを自己
開示しつつ，つらいなかでも
思いを共有できる相手がいる
ことを肯定的に価値づけ，エ
ンパワーしている。しかし，
こうした自己開示は，場合に
よっては相談者に受け入れら
れず，相談員から深刻さを理
解されていないという思いを
生じさせることもあるので，
注意したい。

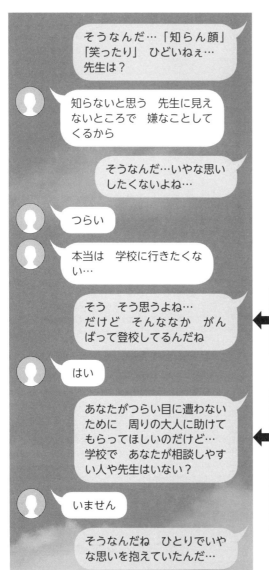

そうなんだ…「知らん顔」「笑ったり」ひどいねぇ…先生は？

知らないと思う　先生に見えないところで　嫌なことしてくるから

そうなんだ…いやな思いしたくないよね…

つらい

本当は　学校に行きたくない…

そう　そう思うよね…だけど　そんななか　がんばって登校してるんだね

つらいなかでも，相談者なりに努力をして登校している，その現状を支持し承認している。

はい

あなたがつらい目に遭わないために　周りの大人に助けてもらってほしいのだけど…学校で　あなたが相談しやすい人や先生はいない？

司書，用務員，介助員などに話せていることもあるので，教員に絞らない言葉がけを意識している。教職員の誰かに相談することで，学校全体で情報共有がなされ，速やかにいじめ被害者を守るための対策が始まることが期待される。

いません

そうなんだね　ひとりでいやな思いを抱えていたんだ…

先生はわかってくれないし

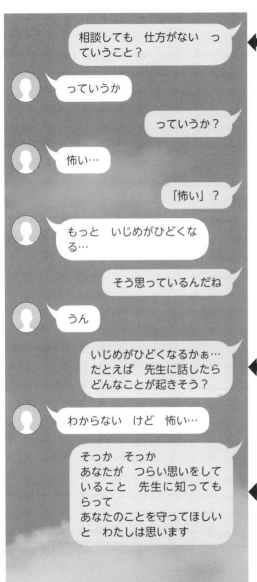

相談しても　仕方がない　っていうこと？

っていうか

っていうか？

怖い…

「怖い」？

もっと　いじめがひどくなる…

そう思っているんだね

うん

いじめがひどくなるかぁ…
たとえば　先生に話したら
どんなことが起きそう？

わからない　けど　怖い…

そっか　そっか
あなたが　つらい思いをして
いること　先生に知っても
らって
あなたのことを守ってほしい
と　わたしは思います

相談者の気持ちを共感的に推論し，違った角度から表現することで，より気持ちや感情を話せるように促している。

相談者がなぜいじめを相談しにくいのかを理解する手がかりを得ることで，誰かに相談するときの抵抗感が少しでも小さい方法を検討できる。

身を守るために相談者にしてほしいことを率直に表明する。

> そのために　誰かあなたの味方になってくれる先生　たとえば　保健室の先生　スクールカウンセラー…話せそうな人　いる？

いじめは，自力での解決が困難であることが多いため，無力感や終わりのない恐怖が続き，それらが自殺念慮につながることもある。そのため，周囲の助けを求めることが大切であると理解してもらえるよう働きかける。

保健室の先生かな

でも先生に話すと　ひどくなるにきまってる

> そう思ってるんだね

お母さんに知られたくないし

> そうなんだね

> いやな思いをしているのはあなただけなの？

相談につなぎやすい方法を検討するには，相談者の置かれている環境を把握することも必要。

乱暴な男子がいて　他の人も困っています

> そうなんだね

先生が注意しても　ダメなんです

どうしたらいいですか？

もし　あなたから　先生に伝えることが難しいようなら，ここから教育委員会に
①あなたがいやな思いをしていること
②乱暴な男子がいること
２つのことを学校に伝えることができるけれど　どうかな？

ここでは相談者の不安を刺激しないよう，「いじめ」という言葉を使用していない。児童生徒は，家庭と学校が生活のすべてと感じやすく，その他の居場所や社会資源は想像しにくい。教育委員会にこちらから伝えることができる内容を，箇条書きにして相談者に伝える。そして，それらを伝えるのはどんな感じがするか検討してもらう。

相談者からの応答なく数分経過

それって　わたしが言ったってバレませんか？

そうだよね　心配だよね…

相談者には，十分に考えるための時間が必要である。相談者からの応答に時間がかかっても焦らない。具体的な提案を伝えた後に，相談員が急かしてしまうと，相談者は「自分を「特定されるのではないか？」「気持ちの準備ができてないのに…」などと不安が高まり，相談から離脱することもあるので注意したい。

はい

教育委員会に話したら　どうなりますか？

教育委員会から校長先生に伝えて　あなたのことを見守ってもらうようにすることもできます

個人が特定され，告げ口したことがバレて逆恨みされ，いじめが酷くなることを心配している。いじめの相談においては，十分に考慮する必要のあるポイントである。

それって　名前を言わないとだめですよね…バレないか心配です…

教育委員会や学校に伝えると，どんなことができるのかを示し，相談者に見通しを持ってもらう。

そうだよね　心配だよね…
どう伝えるかについては　これから一緒に考えたいと思います

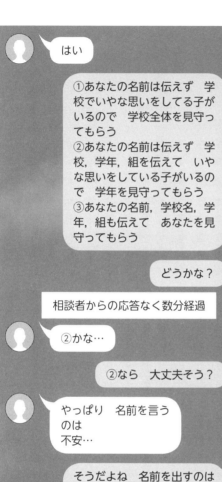

はい

①あなたの名前は伝えず　学校でいやな思いをしてる子がいるので　学校全体を見守ってもらう
②あなたの名前は伝えず　学校，学年，組を伝えて　いやな思いをしている子がいるので　学年を見守ってもらう
③あなたの名前，学校名，学年，組も伝えて　あなたを見守ってもらう

どうかな？

相談者からの応答なく数分経過

②かな…

②なら　大丈夫そう？

やっぱり　名前を言うのは
不安…

そうだよね　名前を出すのは勇気がいるよね…
どんなことが不安か教えてくれる？

前　先生が注意をして　いじめがひどくなったから　同じことにならないか…

個人の特定を心配する相談者の気持ちに配慮し，可能な選択肢を提示して，どの伝え方が気持ちに添っているのかを話し合う。

個人情報を伝えることには当然不安を感じる。その不安についてしっかり話し合い，気持ちに寄り添うことが大切である。また，どのような不安を抱えているのか把握し，相談者の気持ちに添った提案へと修正していく。

はじめに話してくれていた
お母さんに相談したときのこ
とかな？

はい　そうです

そうだったんだね　それは不
安になるよね

では「②の内容」で　教育委
員会から校長先生に伝えても
らうね

「　」で明確にしている。相
談者に再確認を促す意図があ
る。

どうして　校長先生ですか？

校長先生は学校全体の責任者
なので校長先生に知っても
らって　学校にあなたを見
守ってほしいからです

本当に　わたしが言ったって
バレませんか？

「名前は出さないで」って必
ず伝えるね
それ以外に　なにか伝えてほ
しいことは　ある？

ここでも「　」で，相談者の
思いを言い換えて明確にして
いる。相談者の思いを再確認
していく。

わかりません　でも　これ以
上嫌な思いはしたくないで
す…

そうだよね…あなたの気持ち
「これ以上嫌な思いはしたく
ない」　必ず伝えるね

「これ以上嫌な思いはしたく
ない」ことが，相談者の願い
である。その願いをしっかり
受け取ったことを明示して，
相談者に安心感を持ってもら
う。

あなたがひとりで悩まないた
めに　いまの気持ちを誰かに
相談してほしい

もちろん　ここもあなたの気
持ちを聞く場所です
だけど　もっと身近な人に相
談できるといいよね…

はい

さっき　「保健室の先生」に
話せそうって言っていたけど
話せそうかな？

保健室に誰かいるかもしれな
いし

誰かいると話しにくいよね

はい

あなたの学校には　スクール
カウンセラーはいますか？

プリントは見たことある

そうなんだね　その人もあな
たのお話を聞く人だよ

そうなんですね　でも　どう
すればその人と話せるか　わ
からない…

SNSでも相談を続けられる
ことを保証する。いじめ被害
によって，周りから孤立して
いたり，精神的に追い詰めら
れ無力感を抱いていたりする
相談者にひとつでも多くの相
談場所を伝えることで，相談
への動機づけを高める。

スクールカウンセラーの存在
や役割に気づいていない児童
生徒もいるので，「誰でも相
談できる場所」ということを
伝えて，相談者を支える資源
を増やしておく。

担任の先生に　カウンセリングの希望を伝えて　予約をとってもらうんだけど
担任の先生には　言えそう？

担任はムリです

そっか　そっか
保健室の先生には話せそうかな？

保健室の先生なら…
何もないのに保健室にいくと変に見られるから
放課後　保健室にいってみます

わかりました　もし保健室にいけなかったり　保健室の先生に話せなかったりしたときは　他の方法を一緒に考えましょう

ありがとうございます

ここから学校に　伝えることは　ほかに何かあるかな？

ないです　でも不安です　学校に伝えたらどうなりますか？

そうだよね　伝えたあと　どうなるか心配だよね…いちばん心配なこと教えてくれる？

相談者が自らのタイミングで行動を起こすことが一番良い。SNS相談員から教育委員会・学校側に事前に伝えておくことで，相談者が行動を起こしたときにスムーズに学校現場で受け取ってもらうことが期待できる。相談者が行動を起こせない場合も，教育委員会・学校側で見守ってもらえる可能性がある。

お母さんに知られたくない
それと　名前を言わなくても
バレないか

そっか　そっか
ここから　教育委員会に伝え
ることを　まとめてみるので
読んでみて　不安なところ
もう一度いっしょに考えてみ
ようと思うの　どうかな？

教育委員会と学校に伝えることの確認をして，誤りがないようにする。また，相談者にもう一度考え直すタイミングを作る。

はい

少し待ってね

校長先生に
・○年○組に乱暴な男子がい
て　いやな思いをしている生
徒がいます。
・あなたが　嫌な思いをして
いることを　お家の人や先生
に話すと「いじめ」がひどく
ならないか心配している
・あなたから「これ以上嫌な
思いはしたくない」と　相談
がありました
この３つを伝えるね
そして　約束：あなたの名前
は伝えない
これで　大丈夫かな？

はい　これでいいです

学校名と学年，組を教えてく
ださい

「本当に大丈夫だろうか」といった不安を抱かせないために，率直に聞く。

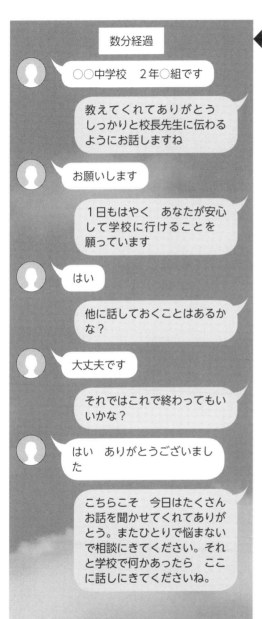

数分経過

○○中学校　２年○組です

教えてくれてありがとう
しっかりと校長先生に伝わる
ようにお話しますね

お願いします

１日もはやく　あなたが安心
して学校に行けることを
願っています

はい

他に話しておくことはあるか
な？

大丈夫です

それではこれで終わってもい
いかな？

はい　ありがとうございまし
た

こちらこそ　今日はたくさん
お話を聞かせてくれてありが
とう。またひとりで悩まない
で相談にきてください。それ
と学校で何かあったら　ここ
に話しにきてくださいね。

ゆっくり考えてもらうために
必要な時間である。相談員が
焦って相談者の答えを求めな
いようにする。

> それでは「終了メッセージ」
> をおくりますね

> 〈終了メッセージ〉
> ご相談ありがとうございました。明日以降、あらためてご相談いただいた場合は、別の相談員が対応させていただくこととなります。その場合も、今日のお話を確認してから相談にのることができますので、安心してご利用ください。

　この相談においては、教育委員会と連携する方向性が明確になったあたりから、相談員は主任相談員と密に情報共有しながら対応した。主任相談員は相談終了後、教育委員会の担当者へ報告した。教育委員会の担当者は、この相談ログと主任相談員の報告をもとに、当該校の校長へ情報共有を行った。その結果、本児童生徒の学年全体の教職員が、共同で見守りを強化することになった。

■振り返り

　いじめ被害を受けている児童生徒は、「これ以上嫌な思いをしたくない」「何とかこの状況を打開したい」と強く思っているが、それと同時に、いじめについて話すことを抑えようとする気持ちもあることが多い。「誰かに話したことがバレてしまい、逆恨みされて、いじめが酷くならないだろうか」「いじめられたことを親が知ったら、心配するだろうな」「親や先生に言っても、どうにもできないだろうな」「『それぐらいのことで大騒ぎして』とか、『あなたにも悪いところがあるんじゃない？』とか言われるんだろうな」「相談することは弱いやつのすることだ」「周りの大人は誰もわたしの話なんか

聞いてもくれない」などの思いである。いじめ被害を受けている児童生徒
は，こうした両面の気持ちを抱えて揺れている。

　また，いじめ被害を受けている児童生徒は，「いじめられた」と訴えた途
端，身近な人たちがいじめを止めるために動く様子を見て，「自分が言って
しまったために，この程度のことでいろいろな人に迷惑をかけておおごとに
してしまった」と，不必要な罪悪感を抱くこともある。自分の想像を超えた
（もしくは，自分が望んでいなかった）解決方法で状況が進んでしまい，た
だでさえいじめで追い詰められている相談者が，さらに困惑に陥ることもあ
る。

　このように，いじめ被害を受けている児童生徒は，非常に複雑な気持ちを
抱いて揺れているため，相談においてはこうした複雑な気持ちに配慮するこ
とが必要である。つまり，矛盾するさまざまな気持ちの一つひとつを大事に
扱い，相談者のペースを尊重して相談を進めることが必要である。相談員
は，たとえ正義感に駆られたとしても，児童生徒の気持ちを置き去りにして
突っ走ってはいけない。

　一方で，いじめ被害の相談においては，いじめの深刻さ，緊急性，悪質性
などについての判断をするため，迅速に具体的な事実関係を聞き取ることが
必要になる。つまり，相談者の内面の繊細で複雑な気持ちに寄り添うだけで
なく，具体的な事実関係を明らかにして把握していくことも必要なのであ
る。いじめ被害の相談においては，この2つの相反するような作業の両方が
大切で，両者のバランスを取って進めていくことが重要である。

　本事例においても，いじめ被害の相談における難しさが見てとれたであろ
う。相談員は相談者の傷つきに共感し，気持ちに寄り添いながらも自分を大
事にするよう明確に励まし，揺れる気持ちに根気よく付き合いながら客観的
な事実関係の把握に努め，いじめの深刻さや緊急性を判断したうえで可能な
対応策について検討し，提案している。

　こうした対応が可能となるためには，相談に先立って，教育委員会との連
携の仕方や情報共有のルールや範囲について，関係者もしっかり話し合い，
取り決めておくことも重要である。安易な情報共有は守秘義務違反となり，

相談者からの信頼を裏切ることになるため，この点に関しては厳格な注意が必要である。

　通常のSNS相談は，相談者の秘密を守って行われる。しかし，「いじめ」などにより，相談者の安全や生命が脅かされている深刻な事案と判断された場合には，相談者の安全や生命を保護するための措置が優先される。そのような場合には，教育委員会や関係機関との情報共有が必要となる。情報共有に際しては，関係機関の担当責任者は，相談者の安全や生命を守るために，誰に，どの範囲の情報が伝わることが必要なのかを判断し，情報をしっかりと伝えるとともに，情報が不必要に広がることを防がなければならない。こうしたことが円滑に行われるのを助けるため，相談員は相談者がどのような状況に置かれており，どのような思いをしていて，どうしてほしいのか，誰に何を言ってほしいのか（言ってほしくないのか），その際の心配事は何かなどを，しっかりと聞き取っておくことが重要である。

　実際に教育委員会に連絡を取るのは，主任相談員の役割となる。こうした相談に対応する際には，相談員は，教育委員会や学校との連携が必要だと判断した段階で，速やかに主任相談員にそのことを伝え，情報共有するとともに，主任相談員の指示を受けながら相談を進める必要がある。相談員，主任相談員，教育委員会の担当者，学校の教職員など，いじめ問題に関わるメンバーが必要な情報をしっかりと共有・管理し，円滑なチームワークを行わないと，相談者に対して「実現できない約束」をしてしまったり，相談者がしてほしくないと伝えた対応がなされてしまったり，相談者が知らせたくないと思っていた人物に情報が伝わっていることがわかったりして，相談者を深く傷つける危険性が高まる。相談したことでかえって傷つく結果が生じてしまうと，子どもたちの援助希求行動が将来にわたって妨げられるため，悪影響が非常に大きい。

　その後，同じ相談者からアクセスがあり，教育委員会に伝えたかどうかを問われることもある。その場合には，「あなたが守られるように，しっかりと伝えました」と伝えるとともに，その後の様子を聞き，引き続き相談を受けていく。いじめがすぐには解決しないことも多いが，そういう場合にも，

相談員は安易な保証を与えたり，学校現場の事情を考慮しない提案をしたりしないように注意し，根気よく相談者をサポートしていく必要がある。

　また，教育委員会や学校と連携した場合，教育委員会や学校のほうから，事案に対応するにあたり，必要となる追加の情報を得るために「相談者に尋ねてほしいこと」を依頼される場合もある。相談者のほうから自発的にアクセスがあればその際に尋ねるが，もしアクセスがなければ，こちらから相談者に呼びかけのメッセージを発信して（第6章を参照），教育委員会や学校に連絡を取ったことを報告し，その後の状況を尋ねながら，依頼された質問をすることもある。

　相談員は，いじめに関して，教育委員会や学校がどのように対応できるのかを把握しておくことも重要である。教育委員会や学校に可能な対応例としては，以下のようなものが挙げられる。

　　・相談者の希望（相談相手，場所，タイミングなど）に沿った相談の場
　　　を設ける。
　　・いじめの状況把握と防止を目的として，校内巡視を強化する。
　　・スクールカウンセラーに紹介する。

　いじめが疑われる相談において重要な問題のひとつに，どのような場合に教育委員会や学校と連携するのか，どのような場合に人間関係のトラブルとして相談を受けておくにとどまるのか，ということがある。文字情報しか得られず，相談者の生活場面での周辺情報を直接に収集する術がないSNS相談では，その判断はかなり難しい。この問題に対する取り組みとして，今後，教育委員会や自治体とも協議しながら，「いじめ判断チェックリスト（深刻度基準）」を作成していくことが望まれる。客観的な基準ができれば，SNS相談の現場と教育委員会や学校との連携が，より効果的になるものと期待できる。

　いじめはとても言い出しにくいものである。それゆえ，相談への敷居が低く，言いにくいことが告白されやすいSNSカウンセリングには，非常に大き

な可能性がある。相談員がいじめに対する意識を高め，学校現場につないでいく知識とスキルを磨くことで，子どもたちと学校現場との力強い「つなぎ手」となる役割が期待されている。

4．児童相談所に通告した事例：児童虐待

　児童相談所における児童虐待相談の対応件数は，統計を取り始めた1990（平成2）年度以降，毎年増加を続けており，2018（平成30）年度は過去最高の約16万件（前年度比19.5％増）であった。児童相談所における相談対応に至る通告の経路としては，警察等が最も多く，約半数を占めている。次いで，近隣・知人13％，その他11％，学校等7％，家族7％の順となっている（2019年8月1日厚生労働省発表）。

　このように，児童虐待は現代社会における大きな問題として，注目を集めている。しかしながら，そのような状況においてもなお，虐待されている児童本人が虐待を周囲に打ち明けることは決して容易ではない。深刻な虐待を受けている児童でさえ，その事実を隠そうとすることが多く，自ら周囲に知らせることは稀である。

　虐待を受けている児童は，自分が悪い子だから「しつけ」を受けているのだと考えていることが多い。自分が受けている「しつけ」が心身ともにつらいと感じている場合でも，自分が受けている行為を恥ずかしく感じ，家族以外には知られたくないと考えていることが多い。誰かに虐待の相談をすると，親からひどく怒られるに違いないと恐れたり，親を裏切ることになるという罪悪感をおぼえたりしていることもある。虐待されている児童本人が第三者にそれを打ち明けるのは，さまざまな意味でとてもハードルが高い行為だと言えるだろう。

　このような背景があるなか，SNS相談には，虐待されている児童本人から虐待の訴えが寄せられている。正確な統計はまだ得られていないが，これまでの相談経験に基づけば，おそらく電話相談以上の頻度で，児童本人からの虐待の訴えが寄せられているものと推測される。SNS相談は文字だけの相談

であり，声や顔をさらさなくてよいため，面と向かっては（あるいは電話では）口にしにくいような内容でも，打ち明けやすいことが知られている。また，声を出さずにする相談なので，虐待する親が近くにいる状況でも，気づかれることなく相談できる。こうしたことから，児童を対象としたSNS相談において，児童虐待に関わる相談は重要な領域となっている。

　児童虐待についての相談を適切に進めるためには，児童虐待防止法をはじめ，児童虐待に関する一定の知識が必要である。それに関しては，詳しくは『SNSカウンセリング・ハンドブック』の10章，11章を参照していただくこととし，ここではごく基本的なことだけを押さえておこう。

　児童虐待防止法では，学校の教職員をはじめ，児童の福祉に職務上関係のある者（SNS相談員も含まれる）は「児童虐待を発見しやすい立場にあることを自覚し，児童虐待の早期発見に努めなければならない」（第5条）としている。さらに同法では，「児童虐待を受けたと思われる児童を発見した者は，速やかに，市町村，都道府県の設置する福祉事務所もしくは児童相談所に通告しなければならない」（第6条）としている。

　ここで，「児童虐待を受けたと思われる児童」という表現がなされていることに注意する必要がある。虐待を受けているという十分な確証はなくても，虐待を受けている疑いがある児童を見つけた場合には，速やかに通告する法的な義務が生じるのである。この通告義務に従って通告しても，相談員が守秘義務違反に問われることはない。

　以下の事例は，SNS相談において児童虐待が見出された，小学5年生男児のケースである。学校の冬休み中の相談で，相談者にとって初めてのSNS相談であった。相談開始時間である18時ちょうどにアクセスしてきている。相談員は虐待の可能性を想定して，主任相談員と相談しながら対応しており，主任相談員は相談の途中の時点で，事業実施主体である自治体の教育委員会のSNS相談担当者に連絡を取っている。連絡を受けた教育委員会のSNS相談担当者は，児童相談所への通告が必要なケースであると判断し，児童相談所に連絡している。その結果，児童相談所が関与することとなり，相談者は一時保護施設に保護されることとなった。

相談者の家庭は母子家庭で，母親のパートナーの男性が同居している。母親は，夜間家業で酒を出す店に勤め，明け方まで帰宅しない。その間，本児と母のパートナーの二人だけで過ごしている。母のパートナーは就労せず，1日中ゲームをして，酒を飲むと本児を叩くなどの暴力行為に及ぶ。母親はパートナーの暴力を止められず傍観している。

　以下の事例の記載においては，読みやすさを考慮して，ある程度，漢字で表記しているが，実際の相談では相談者の年齢に合わせて，難しい漢字は用いず，ひらがなを多用していることをお断りしておく。

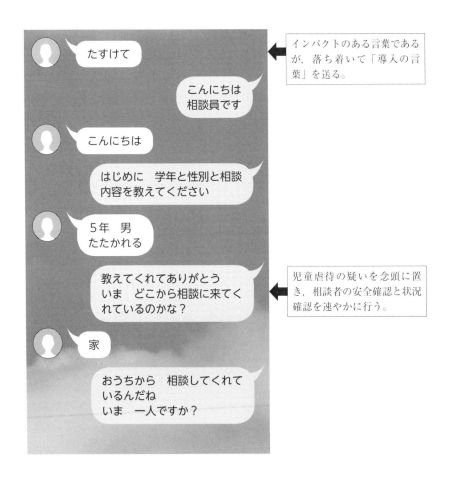

インパクトのある言葉であるが，落ち着いて「導入の言葉」を送る。

児童虐待の疑いを念頭に置き，相談者の安全確認と状況確認を速やかに行う。

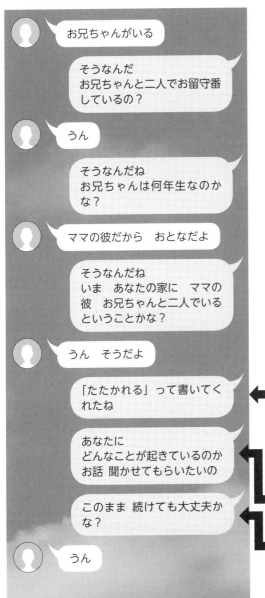

お兄ちゃんがいる

そうなんだ
お兄ちゃんと二人でお留守番
しているの？

うん

そうなんだね
お兄ちゃんは何年生なのか
な？

ママの彼だから　おとなだよ

そうなんだね
いま　あなたの家に　ママの
彼　お兄ちゃんと二人でいる
ということかな？

うん　そうだよ

「たたかれる」って書いてく
れたね

あなたに
どんなことが起きているのか
お話　聞かせてもらいたいの

このまま　続けても大丈夫か
な？

うん

相談者の言葉を「　」を用い
て引用することで、「相談員
の考えではない」ことが相談
者へ伝わるよう工夫してい
る。相談員が不用意に相談者
の言葉をそのまま用いると、
「相談者もそう思っているん
だ」と受け取られ、相談者を
再受傷させてしまうことがあ
る。

相談者の置かれている状況に
ついて、明確に聞き取る。

繰り返し、相談者の安全確認
をする。

138

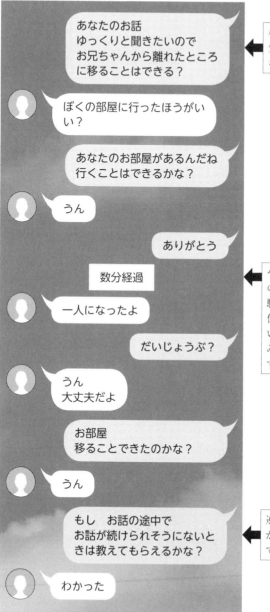

相談の途中で虐待者に相談を
気づかれ，さらに被害に遭う
などのリスクを回避する。

やり取りが途絶えている数分
の間，相談者としては不安に
駆られて何かメッセージを送
信したくなるが，何が起きて
いるかわからないので，むや
みに言葉を送らないよう自制
する。

連絡が途絶える可能性にあら
かじめ備えておこうと意図し
ている。

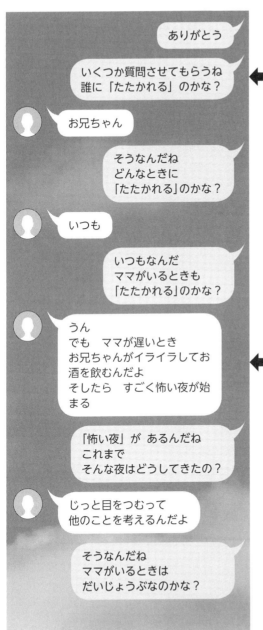

速やかに状況確認し，保護が必要かをアセスメントする必要がある。いつ，どこで，誰に，どんなときに，どこを，どれくらいの頻度で，など，虐待についての具体的な事実を聞き取る。

この段階で相談員は，相談者の虐待状況が深刻なものである可能性があると判断し，主任相談員と相談内容を共有する。教育委員会への連絡，児童相談所への通告を念頭に置いて，相談を進める。

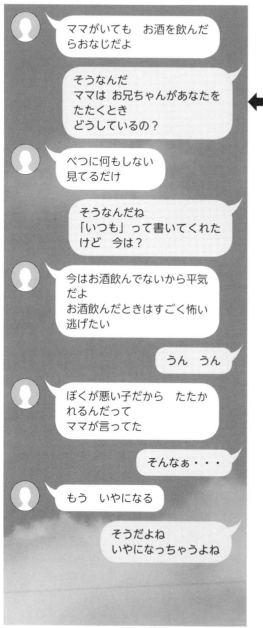

ひらがなで「たたく」と相談者が書き込んでいるので合わせる。ひらがなが続くと文節が分かりづらくなる場合があるので，スペースを使って，わけて書いている。

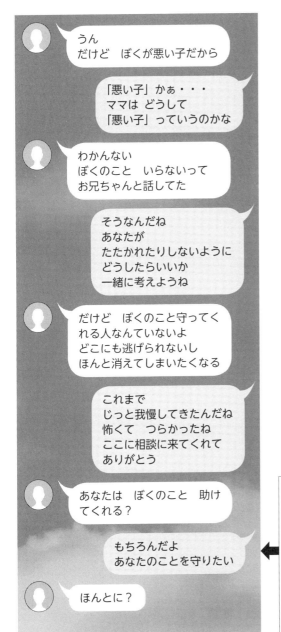

うん
だけど　ぼくが悪い子だから

「悪い子」かぁ・・・
ママは　どうして
「悪い子」っていうのかな

わかんない
ぼくのこと　いらないって
お兄ちゃんと話してた

そうなんだね
あなたが
たたかれたりしないように
どうしたらいいか
一緒に考えようね

だけど　ぼくのこと守ってく
れる人なんていないよ
どこにも逃げられないし
ほんと消えてしまいたくなる

これまで
じっと我慢してきたんだね
怖くて　つらかったね
ここに相談に来てくれて
ありがとう

あなたは　ぼくのこと　助け
てくれる？

もちろんだよ
あなたのことを守りたい

ほんとに？

ここでは，相談者の人権を守
るべくコミットしていること
を，力強く明確に伝えること
が大切である。こうした場面
で，「助けてほしいんだね」
などといった紋切り型の「反
射」の応答はまったく不適切
なものであり，相談者を疎外
し，落胆させる危険性が高
い。

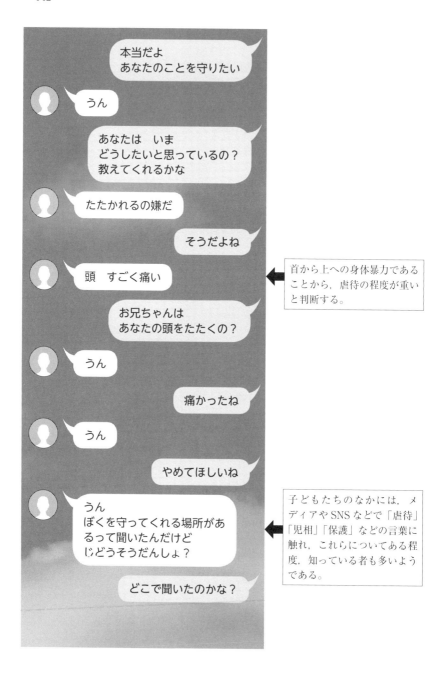

首から上への身体暴力であることから，虐待の程度が重いと判断する。

子どもたちのなかには，メディアやSNSなどで「虐待」「児相」「保護」などの言葉に触れ，これらについてある程度，知っている者も多いようである。

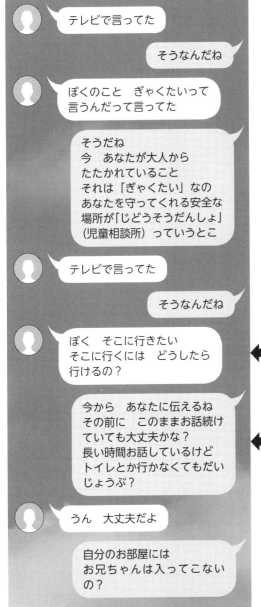

テレビで言ってた

そうなんだね

ぼくのこと　ぎゃくたいって
言うんだって言ってた

そうだね
今　あなたが大人から
たたかれていること
それは「ぎゃくたい」なの
あなたを守ってくれる安全な
場所が「じどうそうだんしょ」
（児童相談所）っていうとこ

テレビで言ってた

そうなんだね

ぼく　そこに行きたい
そこに行くには　どうしたら
行けるの？

今から　あなたに伝えるね
その前に　このままお話続け
ていても大丈夫かな？
長い時間お話しているけど
トイレとか行かなくてもだい
じょうぶ？

うん　大丈夫だよ

自分のお部屋には
お兄ちゃんは入ってこない
の？

これまでに聞き取った情報か
ら，児童相談所への通告が必
要なケースだと判断できる。
また，相談者自らも，児童相
談所による一時保護をはっき
りと求めている。この段階で
主任相談員から，事業主体で
ある自治体の教育委員会に連
絡を取る。

児童相談所の担当者によって
保護されるまでの時間，相談
者の安全を確認しながら相談
を進める。

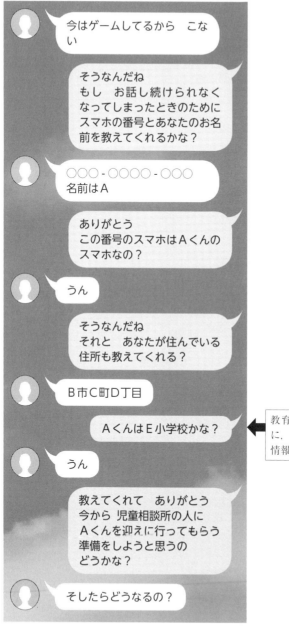

今はゲームしてるから　こない

そうなんだね
もし　お話し続けられなく
なってしまったときのために
スマホの番号とあなたのお名
前を教えてくれるかな？

○○○ - ○○○○ - ○○○
名前はＡ

ありがとう
この番号のスマホはＡくんの
スマホなの？

うん

そうなんだね
それと　あなたが住んでいる
住所も教えてくれる？

Ｂ市Ｃ町Ｄ丁目

ＡくんはＥ小学校かな？

教育委員会から児童相談所
に，相談者を特定するための
情報が伝えられる。

うん

教えてくれて　ありがとう
今から　児童相談所の人に
Ａくんを迎えに行ってもらう
準備をしようと思うの
どうかな？

そしたらどうなるの？

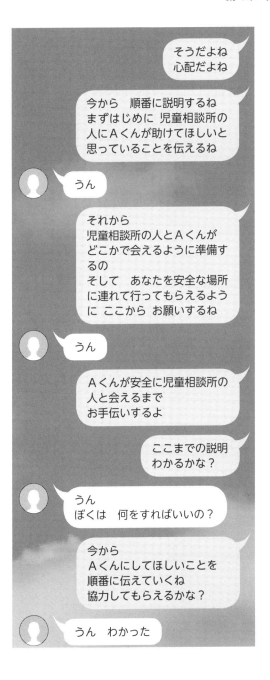

ありがとう
児童相談所の人と会うのは
家の外になるんだけど
一人で外に出ることはできそ
うかな？

わかんない

そっか
いつもこんな時間に外に出る
こと　無いのかな？

ママがいないとき
コンビニに行ったりするよ

そうなんだね
今夜は出ることできるかな？

わかんない

そっか　そっか
安全に外に出る方法
一緒に考えようね

うん

いつもママは何時ごろに
帰ってくるのかな？

いろいろだよ
でも　今日は遅くなるって
言ってた

そうなんだ
夜ご飯はもう食べた？

まだだよ

いつも　どうしているの？

えっと
お兄ちゃんがお腹が空いたら
買ってこいって言われると思
う

そのときは
ひとりで買いに出るの？

うん

そうなんだね
今日は　まだ言われていない
の？

うん　まだ

そうなんだね
何時ごろ言われそうかなぁ？

お兄ちゃんゲームしてるから
いつか　わかんない

そうなんだね
買いに行くお店は決まってい
るの？

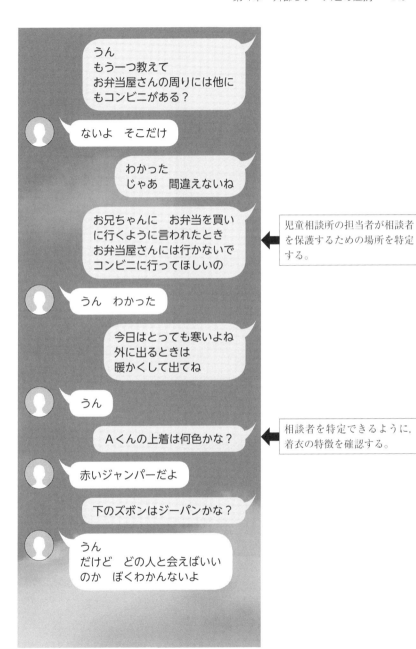

うん
もう一つ教えて
お弁当屋さんの周りには他に
もコンビニがある？

ないよ　そこだけ

わかった
じゃあ　間違えないね

お兄ちゃんに　お弁当を買い
に行くように言われたとき
お弁当屋さんには行かないで
コンビニに行ってほしいの

児童相談所の担当者が相談者
を保護するための場所を特定
する。

うん　わかった

今日はとっても寒いよね
外に出るときは
暖かくして出てね

うん

Ａくんの上着は何色かな？

相談者を特定できるように，
着衣の特徴を確認する。

赤いジャンパーだよ

下のズボンはジーパンかな？

うん
だけど　どの人と会えばいい
のか　ぼくわかんないよ

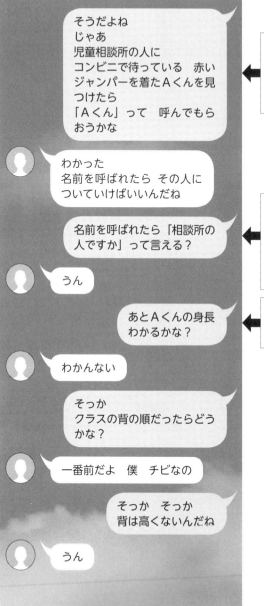

児童相談所の担当者が相談者を速やかに保護できるよう，できるだけ具体的に段取りを説明し，相談者の不安を和らげる。

教育委員会を通じて児童相談所に，保護のための場所，児童の着衣の特徴，会うときにかける言葉の説明状況など，保護のために必要な情報を伝える。

〈児童相談所から，教育委員会を通じて，相談者の容姿についての確認要請が入る〉

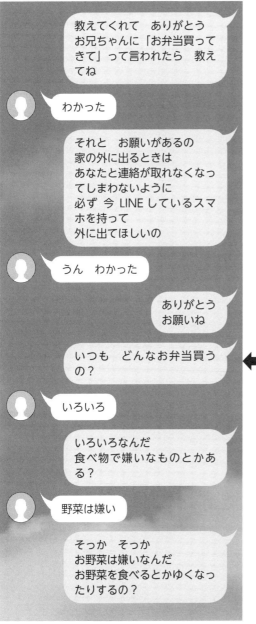

教えてくれて　ありがとう
お兄ちゃんに「お弁当買って
きて」って言われたら　教え
てね

わかった

それと　お願いがあるの
家の外に出るときは
あなたと連絡が取れなくなっ
てしまわないように
必ず　今 LINE しているスマ
ホを持って
外に出てほしいの

うん　わかった

ありがとう
お願いね

いつも　どんなお弁当買う
の？

〈児童相談所から教育委員会
を通じ，相談者の食物アレル
ギーについて確認要請が入
る〉

いろいろ

いろいろなんだ
食べ物で嫌いなものとかあ
る？

野菜は嫌い

そっか　そっか
お野菜は嫌いなんだ
お野菜を食べるとかゆくなっ
たりするの？

152

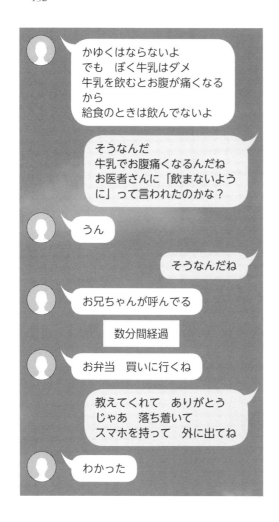

　相談者との応答はここで終了した。約2時間後，教育委員会から，児童相
談所に無事保護されたとの連絡を受ける。

　後日，教育委員会から，本児に関して，これまでにも近隣から児童相談所
に通報があったが，児童相談所の調査では虐待の確認はされず，「本児の保
護」や「親への指導」には至らなかったこと，学校では本児は特に目立つ存
在ではなく，虐待の状況は把握していなかったが，諸費の滞納や，持ち物な

どが揃わないといったことが多く，担任から保護者へ連絡してもなかなかつ
ながらないことから，注意が必要な家庭であるという認識はあったとの情報
共有があった。

■振り返り

　以上，相談者である児童から虐待の訴えがあり，児童相談所に通告し，保
護されるに至った事例を紹介した。

　この相談は「たすけて」というメッセージから始まっている。とてもイン
パクトのある言葉である。こうした場面では，相談員は動揺し，焦りに駆ら
れて，「どうしたの？」「何があったの？」と声をかけてしまいがちである。
本事例の冒頭のやり取りでは，相談員の最初の応答は，「こんにちは」で
あった。「だいじょうぶ？」ではなく，「こんにちは」としたことには意味が
ある。相談員は，心の中にどんどん湧き起こってくる勝手な想像から距離を
取り，落ち着いた姿勢で相談を開始しようとしたのである。また，相談者が
日常的な挨拶のやり取りが可能な状態にあるのかを知ることは，リスクアセ
スメントの判断材料になるという考えもあった。

　相談者の「叩かれる」という訴えに適切に対応するためには，虐待の内容
とともに，その深刻さや緊急性の程度を把握する必要がある。単に相談者の
心の傷つきに温かく寄りそうだけでなく，冷静に，現実的に，事実関係につ
いて情報を聞き取る必要がある。相談者の安全を第一に考えながら，できる
だけ迅速に情報収集に努めたい。さらには，そこで明確になった状況を踏ま
えたうえで，相談者の置かれた状況を想像しながら，本人の保護に踏み込む
必要性や決断を下すことが求められる。相談者にこちら側の意思を伝え，同
意を取る。

　児童相談所と連携して児童の保護を行うことになった場合，相談員に課せ
られた任務は，教育委員会と児童相談所の指示を受けながら，相談者を安全
に保護にまで導くことである。相談員は，主任相談員から教育委員会に情報
共有がなされ，教育委員会で検討され，判断が下され，児童相談所との連携
が取られ，実際に保護に至るその全プロセスを通して，そうした連携状況の

表 3-1　児童相談所による保護までの流れを伝える送信例

① 児童相談所に連絡をして，あなたが困っていることを伝えます。
② あなたを安全な場所に連れていってくれるよう，こちらで相談しますね。
③ あなたが安全に児童相談所の人と会えるよう，段取りを決めます。
④ 段取りが決まったら，あなたに伝えますね。
⑤ あなたが動きやすいタイミングで外に出てほしいの。
⑥ 児童相談所の人との待ち合わせ場所まで，行けるかな。
⑦ 児童相談所の人が待っていますよ。

把握と並行して，相談者との対話を維持していかなければならない。この事例では，この間，児童相談所から「保護の場所」「相談者の身長」「食物アレルギー」などについて情報収集の要請があった。相談員は小学5年生の児童に答えられるような質問を工夫しつつ，必要な情報が得られるよう聞き取りをしていった。相談者に少しでも安心してもらえるよう細心の注意を払い，仲介者としての役割を果たそうと努めた。

　こうした相談を進める過程では，相談者に，児童相談所への通告から保護に至るまでの流れを分かりやすく伝える必要がある。この事例のように小学生が対象の場合は，会話の中で順を追って伝えることが有効であるが，思春期・青年期の相談者の場合，一度に流れを伝えて全体を見通せるようにした方が安心感が高まるだろう。その場合は表 3-1 のようなメッセージを送信するとよいだろう。

5．アウトリーチにつないだ事例：ひきこもり

　内閣府は「生活状況に関する調査」（平成30年度）において，「自室からほとんど出ない」「自室からは出るが，家からは出ない」「近所のコンビニなどには出かける」「趣味の用事のときだけ外出する」といった状態で，その状態が半年以上続いている人を「広義のひきこもり群」と定義した。そして，「広義のひきこもり群」のなかで40〜64歳の人が，全国で推計61万3千人いるとの調査結果を発表した。そのうち7割以上が男性であること，ひきこも

りの期間は7年以上の人が全体の約5割を占めていること，また30年以上の人も6％に上ることが同調査によって示されている。

　この調査結果では，ひきこもりの高齢化・長期化の問題が浮き彫りとなった。また，「広義のひきこもり群」のうち，悩み事に関して「誰にも相談しない」という回答が4割を超えており，相談への敷居をいかに下げるかが大きな課題となっている。

　内閣府では，15～39歳も合わせたひきこもりの総数は，100万人を超えると見ている。ひきこもり支援を行う自治体や事業所のなかには，相談への敷居を下げるためにSNSカウンセリングを導入しているところもある。今後，こうした取り組みはさらに広がっていくことだろう。しかし，その際，大きな課題になるのは，SNSから対面での相談にいかにつなげていくかということである。以下に，SNSカウンセリングからアウトリーチ（訪問相談）につないだ「ひきこもり相談」の事例をもとに，SNSから対面での相談につなぐ際のポイントを解説する。

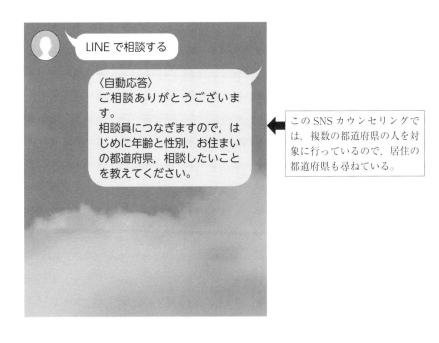

156

28歳男，A県です。
ストレスでバイトを辞めて，引きこもっています。
人が怖くて，昼間は外に出られません。一人暮らしなのに，友達も知り合いもいないので，どうしたらいいのかわかりません。しんどいです。

教えていただいてありがとうございます。
かなり苦しい状況なんですね。
話せる範囲でよいので，今の状態を教えてもらってもいいですか？

相談者に共感的に寄り添いながら，現状についての情報収集を行う。

毎日のように過呼吸になってつらいです。パニックになったりもします。いつそうなるかわからないので，怖くて動けません。人が怖いので，夜暗くなってから時々外に出るようにはしています。

対人恐怖と過呼吸があり，現在，ひきこもっていることが語られた。

毎日過呼吸になるぐらいだから，とても苦しいですね。
人が怖くて，動くに動けない状態なんですね。

そうなられたのは，何かきっかけがおありだったんですか？
少しお話しできますか？

まずは，きっかけとなった「ストレス要因」を尋ねる。

高校からこんな感じで，病院に行ったりしても過呼吸は治りませんでした。
高校でのいじめが原因だと思います。

なるほど，高校でのいじめが原因で，人が怖くなってしまったんですね・・
過呼吸が出ているのは，ある種の拒絶反応かもしれませんね。
今は，どこかを受診されたり，相談したりはしていますか？

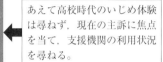

あえて高校時代のいじめ体験は尋ねず，現在の主訴に焦点を当て，支援機関の利用状況を尋ねる。

今はお金がないのと，外に出るのが怖くなってしまったので，病院には行けていません。相談もここが初めてです。

そうなんですね。
ここに相談してくださって，ありがとうございます。

今の状況から少しでも楽になれるように，一緒に考えられたらと思います。
そのために，いくつか質問させてもらってもよいですか？

相談者の状態をアセスメントするために，いくつか質問していくことの了承を得る。

こちらこそ，ありがとうございます。
はい，大丈夫です。

ありがとうございます。
確認なのですが，バイトをや
められたのはいつ頃ですか？
その理由も，話せる範囲で教
えてもらえたら助かります。

３カ月ほど前です。
仲の良かった先輩がやめて，
怖くなって僕もやめました。

仲の良かった先輩がおやめに
なると，きっと心細くなられ
たでしょうね・・。
人が怖いなかで，バイトをす
るのはきっと大変だったと思
います。
ちなみに，どんなことをされ
ていたんですか？

スーパーのバックヤードで
す。人との関わりが少ないの
で。

なるほど，人とあまり関わら
なくてよい所を上手に選んで
いたんですね。
今のしんどさは，人が怖いこ
と，過呼吸，そのほかにも何
かありますか？

相談者の自助努力を肯定・承
認する。そのうえで，アセス
メントのために，その他の精
神症状がないかを確認する。

今はそれぐらいだと思いま
す。

わかりました。ありがとうございます。
人が怖いことが，苦しいところだと思います。
どんなふうに怖いのか，もう少し教えてもらってもいいですか？

対人恐怖の詳細をさらに尋ねる。

視線とか，人混み，人のなかにいるのが怖いです。前から歩いてくる人とか，遠くに人が見えるだけでも怖いです。

対人恐怖の症状が重篤であることが明確になる。

人と接するだけでも，かなり怖くなるんですね。
人が怖いと感じるとき，頭の中ではどんな考えがよぎっていますか？

対人恐怖（感情）の背景にある「認知」を尋ねる。

どうしようとか，もう無理とか。

うんうん，
あとは，どんなことが頭をよぎりますか？
というのは，何らかの考えが頭をよぎって，それでよけいに怖くなることが多いんです。

詳細には語られなかったので，相談者の表現を促す。

心配と不安と恐怖が一気に押し寄せてくるので，息が苦しくなってきて耐えられなくなります。

不安発作とも言えるような強烈な「感情」に，圧倒されていることがわかる。そのため，「認知」への介入によって改善をみるのは，今回の相談では困難であると考えられた。他の介入を検討することにする。

なるほど。
心配と不安と恐怖が押し寄せてきて，過呼吸になるんですね。
とても苦しいですね・・。

はい。

その状態になられたときは，いつもどう対処されているんですか？

本人なりの対処行動を尋ねる。

公衆トイレがあればそこに駆け込んだり，人が少なそうな狭い道に入ったりします。コンビニやお店は怖いから入れません。

なるほど。人が少しでも少ないところに行って，避難されるんですね。
賢明な方法だと思います。

本人なりの対処行動を肯定・承認する。

こうした不安感は，病院で相談しても，あまり良くならなかったですか？
お薬で少し楽になる人もいますが，どうでしたか？

不安症状は投薬によって改善する可能性があるため，過去の投薬による効果を確認する。

病院では，人に慣れることとしか言われません。薬も効きませんでした。

なるほど，薬も効かなかったんですね。
あと，今のあなたの生活状況を，少し教えてくださいね。
一人暮らしということですが，ご家族はいらっしゃいますか？

今回の相談では，「認知」「感情」「行動」といったパーソナリティ要因に介入することで変化を促すのは，難しいと判断した。一人暮らしで3カ月ひきこもっている状況にあることから，環境要因に働きかけることを考え，経済状況やサポート体制について探索していくことにした。

家族はいるけど，絶縁状態です。
もう1年ぐらい会っていません。

なるほど，ご家族も頼りにできない状況なんですね。
あと，お金の状況はどうでしょうか？
生活が立ちゆかないと心配なので，教えてもらえたらと思います。

お金は15万円くらい口座にあると思いますが，生活費を引くとギリギリです。

家族のサポートもなく，経済的にも困窮していることが明確になる。

ギリギリの状況での生活なんですね。
それでは，経済面での不安もおありじゃないでしょうか？

支援機関につなぐことを意図して，経済面の不安について尋ねる。なお，こうした質問をする際は，相談者から「はい」という応答を引き出しやすい尋ね方を工夫する。

働けてないので，お金が続かなったらと思うと心配です。

今の状況だと，すぐに働いたりはしにくい面もあると思うので，その点は心配ですね。

一人で耐えているのは苦しい状態だと思うので，何らかの支援を受けられたほうがよいように思います。
外に出にくいことや，福祉的なことの相談ができるところもありますが，関心はありますか？

そうですね，関心はあります。

ありがとうございます。
A県には，「生活にお困りの方」「生活に苦しいとき」の相談窓口がありました。
そのリンクをお送りしましょうか？

お願いします。

では，リンクをお送りしますね。
〈A県の相談窓口の URL を送信〉

ただ，こうした相談窓口に行くのにも，かなり勇気がいるようにも思いますが，どうでしょうか？

そうですね。
怖いです。

本人の苦しさを汲みながら，まず支援してくれる機関があることを伝え，反応をうかがう。その際，「支援機関に相談したらどうですか？」といった直接的なアドバイスをしていないことに注意されたい。ここでも，相談者から「はい」という応答を引き出しやすい尋ね方を工夫する。

こうした情報提供を行う際は，相談者が読みやすいリーフレットの PDF を探すようにする。リーフレットは絵や図で説明されており，一般的なホームページよりもわかりやすい。

対人不安の高い相談者であることを考慮し，相談窓口に行くことへの不安を取り上げる。ここでもなお，「相談窓口に行ってはどうですか？」という直接的なアドバイスをしていない。「相談窓口に行くのは勇気がいると思うが，どうでしょう」という問いかけは，相談窓口に行くときの怖さについて尋ねているが，同時に相談窓口に行くイメージを喚起し，相談窓口に行くことを勇気づける働きかけにもなっている。

たしかに，怖さがありますよね。
人と会う怖さがおありなので，相談に行くのが不安になるのも無理ないと思います。

はい

この SNS 相談では，個別の訪問相談とも連携しています。訪問支援員に，外に出られないことや，福祉的なことの相談もできます。

訪問相談といっても，ご自宅ではなく，近くの喫茶店や公園でも相談できます。
料金はかかりません。

人と会う怖さがおありだから，訪問相談も怖くお感じになるかもしれませんが，今回，相談してくださったことを機に，動き出すきっかけにされてはと思ったのですが，いかがでしょうか？

訪問相談についての情報を提供し，反応を見ている。ここでは，相談員が自分の考えを伝えて，それについての意見を尋ねるかたちで訪問相談の利用を後押ししている。なお，相談員の一連の応答は，訪問相談を勧める見通しになった段階で，Word を開いて文書を作成し，それを貼り付けて送信している。

訪問相談もあるんですね。時間は何時から何時まででしょうか？

相談者は，訪問相談に興味を示した。

それは，あなたと相談して，あなたの一番良い時間，良い場所を選べますよ。
まずは，訪問支援員とお電話で調整をしていただくかたちになります。

そうなんですか。
きっかけにしたいと思います。

相談者は，はっきりと訪問相談を受け入れた。

ありがとうございます。
まずは，お電話で支援員と相談していただいて，訪問相談を受けるかどうか，考えていただいても大丈夫ですよ。

人が怖い状態だから，訪問相談で人と会うのも迷われるところだと思います。
あなたにとって，一番良い選択を選んでいただくのが良いと思います。
まず，訪問相談の説明をさせていただいてもよいですか？

訪問相談を利用する方向で話をどんどん進めず，むしろ抑制的な対応をしていることに注意されたい。相談者が訪問相談を受けたい気持ちを表明した場合でも，内面にはなお揺らぎがあることがよくある。ここではそうした配慮から，今すぐ決めてしまわず，まず説明を聞いてから，そのうえで訪問相談を受けるかどうか決めるよう勧めている。

相談者からの応答なく5分ほど経過

お話，大丈夫ですか？
しんどくなっていませんか？

応答がしばらく途絶えたため，訪問相談が負担になっていないかを確認する。

お返事遅くなりすみません。
大丈夫です。お願いします。

よかったです。
訪問相談を提案させていただきましたが，ご負担になっていないか少し気になりました。
まず，ご説明だけをさせていただいて，そのうえでどうするのが良いか，ご相談しましょうか？

説明を聞いてもらったうえで，どうするか決めてもらって良いことを改めて伝える。SNS相談から対面相談へ移行する際の不安に配慮する。

そうですね。
はい。

ありがとうございます。
訪問支援員は2名でうかがいます。
日程や時間については，電話で，支援員と相談で決めてもらえます。

こちらの電話番号は，×××
−××××−××××です。
ご自宅でも，最寄り駅のカフェや公民館のロビーなどでも可能です。

訪問相談について，何かご不明な点はありますか？

いいえ。わかりやすいです。

ありがとうございます。
あと，訪問相談を受けるにあたって，何か心配なことはありますか？
人が怖いと言われていたので，ご不安があっても無理ないかと思うのですが，どうでしょうか？

対面での相談に移行することへの不安を取り扱う。

そうですね。心配なことはそこです。

そうですよね。
どんなことが心配になりますか？
少し話せますか？

言葉が下手なので伝えたいことが伝えられるかとか，対面だと頭の中が真っ白になってしまうとか，電話も苦手なので。

なるほど。
たしかに電話も怖かったりされると思います。
訪問支援員は，こころや福祉の相談を専門にしているので，ご自身の気持ちをゆっくり話されて大丈夫ですよ。

自分の気持ちを伝えるのは，なかなか大変なことだと思います。
今日教えてもらったことは，訪問支援員に私から伝えることができます。

相談者は，訪問相談を受けるに際して，また同じことを説明しなくてはならないのかと負担に感じたり，訪問支援員に現状を説明したら否定的な反応が返ってくるのではと，不安に感じたりすることが多い。相談員が，今回の相談の概要を訪問支援員に伝えることで，相談者の負担感や不安感は引き下げられる。

そうですね。
今日のことを伝えてもらえたら助かります。
少し安心しました。

私が心配になったのは，あなたがご家族や友だちの助けを得られない状態で，苦しいなかで一人でおられることなんです。
働きに行くのも大変な状態だと思うので，今回のことをきっかけに，まずは訪問支援員とつながって，回復の道を一緒に探していければと思いました。

相談員が相談者を心配する思いや，訪問相談による回復への希望を率直に自己開示している。こうした自己開示は，相談者の孤独を和らげるとともに，訪問相談がもたらす回復への希望を高める。

案を与えていただいてありがたく思っています。
だから頑張りたいと思います。

ありがとうございます。
電話に出るのも勇気がいると思いますが，今の状況を改善する一歩になればと思います。

それでは，お電話番号とお住まいの最寄り駅を教えていただいてもよいですか？
あと，何とお呼びすればよいでしょうか？
ニックネームでも大丈夫ですよ。

訪問相談を行うための情報を収集する。

ありがとうございます。
×××-××××-××××
○○駅です。
名前は，Ａと言います。

教えていただいてありがとうございます。
こちらの支援員からお電話をしますが，何時ごろが良いですか？
お電話は，１日，２日ほどの間にさせていただきます。

何時でも大丈夫です。

ありがとうございます。
また，この SNS 相談も○
月末までしているので，また
LINE で相談していただいて
大丈夫ですよ。
あと，何かお聞きになりたい
ことはないですか？

そうしていただけるとありが
たいです。
いえ，今のところはこれだけ
で。

了解しました。
今回は，勇気を出して相談し
ていただいてありがとうござ
いました。
今回のことをきっかけに，あ
なたの状態が改善に向かうこ
とを願っています。

次回，LINE でご相談いただ
いた場合は，別の相談員が対
応することになりますが，今
回のやり取りを読んで相談で
きますので，安心してくださ
いね。

つらい状況が，少しでも早く
改善されることを願っていま
す。
ありがとうございました。

今回，勇気を出して相談して
くれたことを承認し，改善に
向けた行動をとっていくこと
を勇気づける。

こちらこそ，ありがとうございました。
今日はお話しさせてもらって良かったです。
少しでも改善に向かえるようにがんばります。

ありがとうございます。
ご自分のペースで良いので，改善に向けて私たちと一緒に考えていきましょう。
今日は相談に来てくださって，本当にありがとうございました。

それでは，最後に「終了メッセージ」を送らせていただきますね。
少しでも改善に向かわれることを願っています。

〈終了メッセージ〉
ご相談ありがとうございました。明日以降，あらためてご相談いただいた場合は，別の相談員が対応させていただくことになります。
その場合も，今日のお話を確認してから相談にのることができますので，安心してご利用ください。

　本事例では，相談員は開始当初から，主任相談員と相談しながら対応していた。特に相談の後半では，主任相談員に訪問相談につなぐ方針で進めることを報告し，承認を得るとともに，訪問相談へのつなぎ方について確認を取りながら対応した。

　相談終了後，主任相談員より提携先の訪問支援員に連絡を取り，本事例の概要と連絡先を報告するとともに，訪問相談を依頼した。また，相談内容のログを訪問支援員に閲覧してもらい，相談者が不安に感じている事柄を共有した。

　訪問支援員は翌日，相談者に電話し，相談者の最寄り駅近くの喫茶店で会う約束をとりつけた。そのようにして，数回にわたる訪問相談が実施された。その結果，相談者は訪問支援員の同行のもと，行政の生活困窮者相談窓口に行くことができた。また，訪問支援員は民間のひきこもり支援団体とも連携をとり，継続的な支援が可能な体制が構築された。

■振り返り

　以上，対人恐怖と過呼吸に悩み，ひきこもって３カ月になる28歳男性に対して，アウトリーチ（訪問相談）による支援を提案し，合意が得られた事例を紹介した。本事例は，ひきこもり状態になって３カ月程度であり，「広義のひきこもり群」の予備軍のような状態であった。不安発作とも言えるような強烈な「感情」に圧倒されており，今回の相談では，「認知」「感情」「行動」といったパーソナリティ要因への介入によって変化を促すのは難しいと判断した。そこで，一人暮らしで３カ月ひきこもっている現実状況に少しでも変化をもたらす方向で相談を進めることとし，ひきこもり支援の相談員による訪問相談につなぐことにしたものである。

　訪問相談は，実際に相談員と顔を合わせて相談するものであるから，対面相談の一種である。しかしながら，訪問相談では，相談者が相談機関に足を運ぶ必要はなく，相談員のほうが相談者の生活場面に出向いて行われる。つまり，相談者は，相談機関のような未知の場に足を踏み入れることなく，ホームグラウンドで相談員と出会うことができる。それゆえ，相談機関における通常の対面相談よりも，安心感と制御感を持って相談に臨むことができる。

　とはいえ，ひきこもっている相談者が，訪問相談についての情報を得たからといって，すぐに訪問相談を受け入れるわけではない。相談者が社会参加

からひきこもるようになったのには，それなりの理由がある。ひきこもっている人は，社会との関わりに不安，恐れ，挫折感や恥などの感情を，強く抱かざるをえないような経験を重ねてしまったため，そうした感情を刺激する社会的刺激を避けるようになっているのである。本事例の相談者のように，対人恐怖や過呼吸発作のような症状を抱えているなら，なおさらである。

　また，ひきこもっている人は，将来についての不安を抱き，このままではいけないと感じながらも，現状を変えていくことには大きな戸惑いを感じやすいものである。ひきこもりの状態は，差しあたりは安全が確保されている状態でもあるため，当人は，ひきこもりの状況に強い困り感を感じておらず，むしろ可能であればこのままひきこもり続けていたいと願っていることも少なくない。このことは，ひきこもりの人を外部の支援リソースにつなぐうえで，特有の難しさをもたらす。相談員はこうした点をよく理解し，相談者の心情を受容的に傾聴するなかで，相談者自身から不安感や困り感が表現されるように相談を進める必要がある。

　本事例においても，社会的に孤立しているなかでの経済状況を話題として取り上げながら，相談者自身から不安感や困り感が語られるよう促進している。そのうえで，訪問相談についての情報を提供し，ほんの少しの励ましを与え，不安を受けとめながら，訪問相談を受け入れられるよう巧みにサポートしている。その際には，相談員がリードして話をどんどん前へ進めていく流れにならないよう，むしろ相談者が積極的に支援を求め，相談員は相談者を抑えながらそれについていく流れを創り出すよう，工夫している。

　今回の相談で相談員がしたことは，一言で言ってしまえば訪問相談への紹介ということになるわけだが，実際のところ，ここでなされていることは訪問相談についての情報提供をはるかに超える作業である。きめ細かに感受性を働かせながら，共感的傾聴，情報提供，ノーマライズ，励ましなど，多様な働きかけを臨機応変にバランスよく行うことから成り立っているものである。このようなかたちでの支援リソースへの紹介は，それ自体が重要な心理支援であり，専門的スキルなしには効果的に行えないものであると言えるだろう。

6．まとめ

　以上，4つの事例を通して，SNSカウンセリングにおいて外部リソースとの連携が必要となる場合に，どのような対応がなされるのかを具体的に示した。自殺念慮，いじめ，児童虐待，ひきこもりと，問題の内容が異なれば連携先も異なり，連携の仕方も異なる。それぞれの事例のなかで，連携において重要となるポイントについて考察した。

　相談員には，さまざまな相談者を支援できるよう，日々変化する多種多様なリソース情報を日頃から把握しておく努力が必要である。相談員がどのような外部リソースと連携できるのかを把握していなければ，相談者の困難な状況を前に，ただ無力に受動的に傾聴するだけになってしまうかもしれない。もちろん，すでに生活場面でも他の人に相談していて，妥当な解決策や相談先の情報を得ていたり，どうすればいいかはわかっていても行動に移すエネルギーがなかったりする場合などであれば，外部リソースにつなぐ努力を控え，じっくり傾聴することが有意義な場合も多い。しかし，そのような場合でも，得られた情報をもとに，そうした対応が今の相談者にとって最善なのか，外部リソースにつなぐ必要はないか，外部リソースにつなぐ効果的な手立てはないか，といった点を十分に吟味し，根拠のある判断のうえに傾聴することが必要である。

　最後に，SNSカウンセリングにおける筆者（樋口）の経験を少し述べたい。筆者は相談員として，友だちと喧嘩をして「死にたい」と訴える相談者と出会ったことがある。家族や教育委員会というリソースと連携することも念頭に置いた上で，「死にたい」という言葉に焦点を当て，相談の初期の段階から，現状を誰かに話せているのかなど，状況を把握するための質問を重ねた。そのとき相談者から，「あんたびびり（守り）すぎ（笑）」というメッセージが返ってきたのである！　筆者はこのメッセージを見て，「本当だ！」と気づかされた。その相談者にとってのそのときの「死にたい」は，「はぁー，疲れた」と同じ水準のものであったのだろう。相談者は現実に死

ぬことを考えて助けを求めていたわけではなく，ただ疲れを吐き出し，友だちと喧嘩したつらい思いを聴いて欲しかったのであろう。常に最悪の事態を想定し，外部リソースを紹介できるようにしようという心構えが前面に出過ぎてしまうと，相談者を置き去りにしてしまうこともあるので，気をつけなければならない。

第5章 繰り返し訪れる相談者への継続的対応

1. はじめに

　現在行われているSNSカウンセリングは，1回限りの単発の相談で，相談者も相談員も基本的に匿名となっている。つまり，対面の伝統的な心理カウンセリングのように，予約制で担当者を決めて継続的に行うものとはなっていない。しかし，SNSカウンセリングでは，同じ相談者が再度相談してきた場合，過去の相談履歴が画面に表示され，相談員はそれを参照しながら相談に当たることが可能である。相談者に対しても，相談開始前の注意事項として，再相談の場合には別の相談員が対応することになるが，これまでのやり取りを確認したうえで相談にのることができると伝えている。実際，繰り返し相談に訪れる相談者も少なくなく，連日のように訪れる相談者もある。こうした相談者はリピーターと呼ばれている。

　リピーターは，SNSカウンセリングのヘビーユーザーであり，慢性的に希死念慮を抱えていたり，機能不全の家庭環境に置かれていたり，医療面や経済面や生活面などのさまざまな面で多重の困難を抱えていたりと，深刻な生きづらさを抱えている相談者であることもしばしばである。

　われわれのSNSカウンセリングの現場では，リピーターに効果的に対応するため，それぞれのリピーターに関して相談状況の概要をまとめておくようにしている。主任相談員は，最近，活発にアクセスがあるリピーターを把握しておき，基本的な対応方針を相談員に伝えるようにしている。対応方針は，相談の経過に合わせ適宜アップデートされる。そのようにして，どの相

談員が受けてもその対応にある程度の一貫性が担保され，また，それまでの相談履歴を踏まえた継続性が実現されるような相談体制を整えている。

　以下に提示する事例は，いじめ体験によって対人不安を抱えることになった，中学3年生の女子生徒の事例である。この相談者は，3カ月の相談実施期間に13回相談に訪れている。それら13回のセッションのなかから，「初回セッション」（#1），「展開のあった中盤のセッション」（#8），「終結に向けてのセッション」（#12）の3セッションを詳しく提示する。また，相談経過において，相談員の間で共有されていた対応方針も併せて提示する。その他のセッションについては，各回の概要を示すことにする。

　セッションのやり取りをすべてリアルに提示すると読みづらくなる部分があるため，必ずしもそのまま記載しなくても理解の妨げにならないと思われる部分を，適宜要約したり，省略したりすることにする。要約や省略は[　　]で括って示す。

　3カ月の相談実施期間において，SNSカウンセリングがどのように相談者を支え，相談者の変化を促しているか，その実際の様子を見ていきたい。

2．いじめによる対人不安を訴えたリピーターの事例： 3カ月の経過

(1)　初回セッション

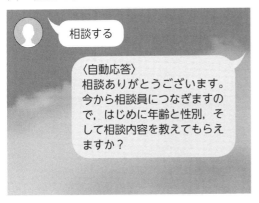

中3　女子
人とどう話せばいいのかわかりません

こんばんは　相談員です
相談にきてくれてありがとう
人とお話しすることについてですね

はい。つまらないことですみません
人を信用できなくて，ずっと一人でいたら，しゃべり方を忘れてしまいました
どうしたらいいですか

つまらないなんて，とんでもないですよ
人を信用できない・・・なにかきっかけはあったのでしょうか

相談者は，相談員に「つまらないことで」と思われないかと，不安を感じているようである。そのため，相談員はそのように思っていないことを，はっきりと言葉で伝える。

中2のとき，いじめのような状態で，いろんなことがあって人を信用できません

そうなんだ，いろんなことがあったんだね
よかったら，どんなことがあったのか，教えてくれるかな

「いじめのような」という表現から，相談者のためらいが感じられる。相談員からは「いじめ」という言葉を使わず，侵襲的にならないような言葉を選んで対応する。

悪口書いた紙を見せられたり，容姿をからかわれたり，給食にゴミが入っていたときは，驚きました

え！　給食にゴミが?!

強烈な体験のエピソードには，相談員もはっきりと驚きを表現する。

はい，ちょっとトイレに行ってもどったら，
私のおかずにだけ，輪ゴムが，いくつも入ってました。間違いで入ったのかと思ったのですが，うしろの方で，グループの子がクスクス笑ってたんです。

そうだったんだ，そんなことが・・・，ひどいね

そのうちの一人は，小学校のときからの友だちでした。

それは・・ほんとうにつらかったね

共感的で支持的なメッセージを，はっきりと言葉で伝える。

頭がまっしろになりました。

うんうん，ショックだよね・・・

はい

グループっていうのは，クラスのなにかのグループなのかな？
それとも普段，一緒にいるグループ？

曖昧な事柄は，具体的に2択などで質問して明確にしていく。「何を」「どのような」といった広くオープンな尋ね方よりも，こちらが想像していることを具体的にいくつか挙げる尋ね方のほうが，事実関係の確認が効果的に進むことが多い。

イツメンのグループです

「イツメン」というのは，「いつものメンバー」を意味する若者言葉である。中高生のSNSカウンセリングでは，こうした若者言葉が当たり前のように用いられる。

そっか，いつも一緒にいる人たちだったんだ

なにかきっかけがあって，そんなふうになったのかな

わからないです。
最初は，結構仲良かったんですけど，夏休みに遊びにいく約束があって，でも自分はほかにやりたいことがあったので，行けなかったんです。そのあとちょっとケンカみたいになって

[遊びに行く約束がなかなか決まらず，行き違いもあって，遊びに行く候補日に家族の予定を入れてしまい，友だちとの遊びには参加できなかった。LINEで言い合いになり，3人から仲間はずれにされ始めたという。その後，リーダー格のA子が，仲直りをしようと言い出したことで，「はぶられる」状態はいったん解消した。しかし，その後も些細なことをきっかけに仲間はずれにされ，A子が「仲直り宣言」をすることで解消することが繰り返されていた]

そんなことは今も続いてるのかな

中2のときは，いつもじゃないけど，ときどきありました。

そう。そんなときはどうして
いたのかな

相談者の対処行動を尋ねる。

愛想笑いしてました。そした
ら，ひどくはならなかった
し，向こうにしたらふざけて
るって感じで・・・
はぶられるのが怖いから，
ずっと嘘の会話をしてまし
た。

気持ちを隠して，頑張ってた
んだね。苦しかったね

相談者の苦しい状況を想像
し，受容的・共感的なメッ
セージを送る。

はい

今も同じクラスなのかな

中3になって，ばらばらにな
りました。それで，もうあま
り話さなくなって

うん

ちがう子と，友だちになろう
と思ったんですが，
なにをしゃべればいいか，よ
くわからなくなってて，結局
一人になりました

うん，友だちになろうとした
んだけど，うまくいかなかっ
たんだ

180

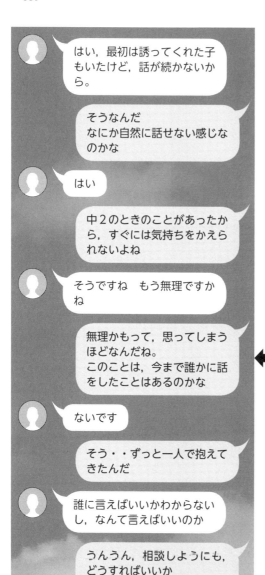

相談者のつらい心情に寄り添
いつつ，リソースとなる人が
いるかを確認する。

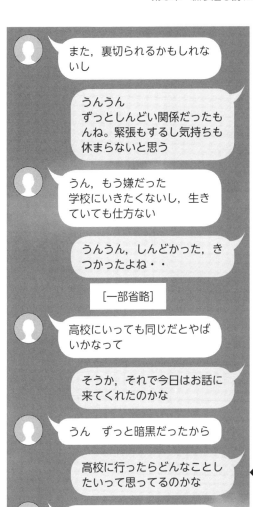

また，裏切られるかもしれないし

うんうん
ずっとしんどい関係だったもんね。緊張もするし気持ちも休まらないと思う

うん，もう嫌だった
学校にいきたくないし，生きていても仕方ない

うんうん，しんどかった，きつかったよね・・

［一部省略］

高校にいっても同じだとやばいかなって

そうか，それで今日はお話に来てくれたのかな

うん　ずっと暗黒だったから

高校に行ったらどんなことしたいって思ってるのかな

相談者から高校についての語りが出てきたので，今後の目標を共有できるように，高校でしたいと思っていることを尋ねる。

ふつうになりたい
遊んだり，部活とか，勉強もしたり

うんうん，「部活」って，なにか興味あることあるのかな

高校生活をより具体的にイメージできるように詳細に尋ねる。

ギター部かな・・でも　無理
です

ハードルが高いような気もす
るのかな

うん　なにをしゃべればいい
かわからない

相談者は自信を失っており，
未来に対して良いイメージを
持てないことが明確になる。

そうか・・・
今日，ここでは，しっかりお
話してくれてるなって感じて
ますよ
つらいことも勇気をもって話
してくれているよ

人と話すことに不安を有する
相談者に対して，単に励ます
のではなく，相談員との間で
しっかりと話ができているこ
とを承認して勇気づける。

ありがとうございます。ここ
は LINE だから
顔見てだと，無理なんです

そうなんだ。
うんうん，あなたの心の中に
は，いろんな思いや言葉が
しっかりあるけど，顔を合わ
せるときは，うまく出てこな
いんだね

今はうまく話せないとしても
も，相談者の中にはいろんな
思いがしっかりとあることを
伝える。

そうですね

うん，よかったら，ここでい
ろんな話をして，これから一
緒にどうすればいいか考えて
いきたいけど，どう思います
か

相談開始から2時間が経過し
ているため，相談を終わる作
業に入る。相談者の問題はな
お重く存在しているため，単
に終わりにするのではなく，
継続して相談することを，こ
ちらから積極的に提案してい
る。そして，それについての
相談者の思いを尋ねる。

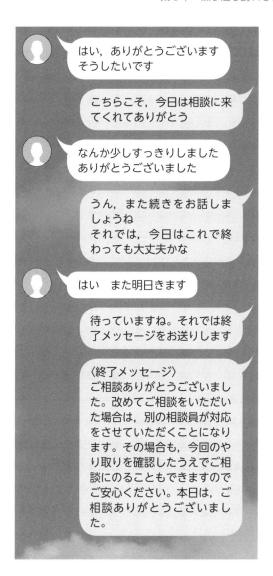

■初回セッション終了時点での対応方針

　相談者は応答性も良く，自分を客観視できる力も有しており，いじめ体験
の傷つきを乗り越えたい思いも持っているようであった。一方で，自分の気

持ちを抑える傾向があり，相談員に対してもそうした傾向が現れるかもしれない。相談者の気持ちを丁寧に汲み取りながら，家庭での様子や教員との関係など，本人のリソースについてもさらに確認していく必要がある。

(2) 第2〜第7セッション

初回セッションの2日後，相談者は再び相談に訪れた。その後も相談は断続的に継続した。その間，上記の対応方針を相談員間で共有しながら対応した。相談が混み合っていてつながれないこともあったが，対応枠が空き次第，相談員から「声かけ」（第6章参照）をするようにしていた。

■第2セッション

現在のクラスでは孤立しており，休み時間は一人でいることが多い。ぼーっとしていたり，本を読んだりしているとのこと。周りからは「陰キャ」（内向的で暗い印象の性格を指す若者言葉）と思われている。小学校の頃は明るいと思われていたし，自分もそう思っていた。友だちともよく遊びに行き，楽しかったと話す。継続相談を勧めて終了した。

■第3セッション

いじめはグループ内に限られており，周りからはグループ内での「いじられキャラ」と思われている。グループ内では，リーダー格のA子に他の2人が引きずられる関係だった。いじめ行為の後，仲直りとして4人で遊びに出かけ，「ずっと一緒，親友だから」などと言われ，ごまかされていたと話す。他のグループにも行けず，「嘘親友」を続けてきたと言う。相談終了の時間になり，継続相談を勧めて終了した。

■第4セッション

相談が混み合っており，来談時にはつながらなかった。1時間後，相談員から「声かけ」をしたが，応答はなかった。

■第5セッション

　学校で孤立している。中2のとき，スクールカウンセラーや教師への相談
は，状況がさらに悪くなる不安から「絶対無理」だと思っていた。いじめア
ンケートや担任との面談でも，自分の思いを伝えることはなかった。相談の
途中，用事ができたとのことで中断した。

■第6セッション

　家族のことを中心に話す。家では普通に過ごしているとのこと。家族構成
は，父，母，弟（小4），そして犬を飼っている。休みの日は，弟と一緒に
犬の散歩に行くなど，楽しい時間を過ごしている。両親には「心配かけたく
ない」と思い，学校のことは話していないとのことだった。

■第7セッション

　前回に引き続き，家族のことが話題になる。また，小学校のときから，近
所の小さな教室でギターを習っていることを話す。ギター教室には，同じ年
頃の子どもはいないが，年上の高校生がいる。高校はギター部があるところ
に行きたいと述べていたが，進学には強い不安を感じている様子であった。

■この時期の対応方針

　教員との関係など，学校内でのリソースを探索して，相談できる場所を見
つけることを支援する。

(3)　展開のあった中盤のセッション

　次に第8セッションのやり取りを見ていく。初回のセッションから約2カ
月後のセッションである。

■第8セッション

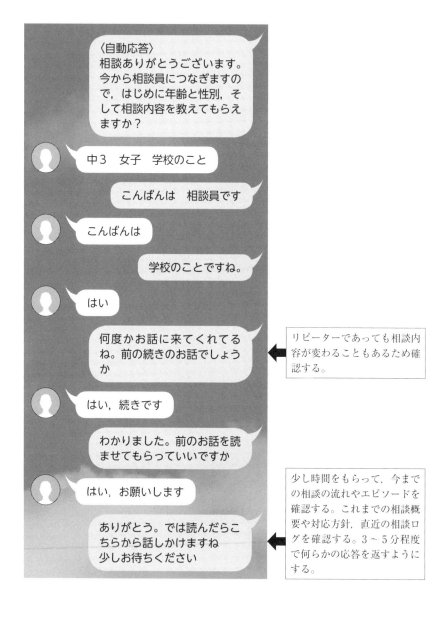

〈自動応答〉
相談ありがとうございます。今から相談員につなぎますので，はじめに年齢と性別，そして相談内容を教えてもらえますか？

中3　女子　学校のこと

こんばんは　相談員です

こんばんは

学校のことですね。

はい

何度かお話に来てくれてるね。前の続きのお話でしょうか

リピーターであっても相談内容が変わることもあるため確認する。

はい，続きです

わかりました。前のお話を読ませてもらっていいですか

はい，お願いします

ありがとう。では読んだらこちらから話しかけますね　少しお待ちください

少し時間をもらって，今までの相談の流れやエピソードを確認する。これまでの相談概要や対応方針，直近の相談ログを確認する。3〜5分程度で何らかの応答を返すようにする。

お待たせしました。
学校でのことでお話ししに来てくれてるんだね

はい
学校へいくのがしんどいです

うんうん，いろんなつらかったことがあって，しんどい思いが続いてるよね

はい
学校では，人としゃべれません
家では，普通です

お家でのあなたと，学校でのあなた，今は２つのあなたがいるって感じかな

← 自分の状態をより客観視できるように介入する。

はい，そんな感じです
家ではもとの自分というか，普通にしてます
でも学校にいくと，無理です

うんうん
２年のときに，しんどい思いをしていたこと
３年になって，お友だちと話せなくなっていることをお話してくれたね

← 今までの相談内容を振り返りつつ，介入していく。

［一部省略］

最近，いつも一人でいます

そんなとき，どんなことが思い浮かんでるんだろう

なにも，ぼーっとしてる感じです。

うんうん，気持ちがじっとしてる感じかな

そうですね　頭が止まってます

うんうん，今までのお話を聞いていて，相談員が感じたこと伝えてもいいですか

相談員の考えを表明する際には，事前に確認をとる。また，相談員の考えを伝える際は，一般的な価値観の押しつけにならないように注意し，その相談員の考えを相談者がどう思うかを話し合えるように配慮する。

はい

あなたは，今，自分の心を守ってるんだと感じています。

どういう意味ですか

学校でいろんなつらいことがあって，心がケガをしてしまったんじゃないかな。
そんなときは，まずは安全なところへ避難するといいと思うし，学校でのあなたは，周りから自分を守るために，ちゃんと，避難できてると感じました。

現状について「自分の心を守るために必要な避難をしている」とリフレーミングして，相談者の反応を確かめる。

そうなんですか
そういわれると少しこころが
軽くなります。

それに，前にも教えてくれた
けど，おうちでは，○○ちゃ
ん（ペットの名前）と散歩し
たり，弟さんと遊んだり，こ
ころを休めることもできてる
よね。

相談者が，自分の心を守るた
めにしているストレス対処法
を承認する。

はい，弟はいつも面白いこと
をいったりします

うんうん
どんなこと？

モノマネとか，とくにお笑い
の○○が好きみたい

そう，楽しいね

あまり面白くないですけどね
ｗ　けんかすることもありま
すけどｗ

「ｗ」とは，笑いを意味する
若者言葉である。

うんうん，けんかもできるの
は，いいね

はい　そうですね

あなたが，家族を大事に思っ
ている気持ちが伝わってきま
した

ありがとうございます。
なんだか，少し勇気がわく感じです
でも，変わりたいです

うんうん，学校でも楽しい時間が持てるようになりたいって思ってる・・・

はい　でもむずかしいです

そうだね　簡単じゃない気持ちだよね

はい
どうすればいいですか

そうだね。お話ししづらいのは，先生とも，お話ししにくいのかな

先生ともあまり話しません

そうなんだ
いろんな先生がいらっしゃると思うんだけど
少しでも話ができそうな先生を考えてみたら，思い浮かぶのはどなたかな

●●先生かな

その先生は，担任の先生？

これまでの相談では不明確であった教員との関係を尋ね，本人のリソースを確認する。

「先生ともあまり話しません」と言われたが，ねばり強くリソースを探索して，比較的話しやすい先生がいないかを確認する。

違います。１年のときの担任
です。

うん，そうなんだ
その先生とは，学校でお話し
できる機会あるのかな

ないです。いまは担任じゃな
いし

そっか，あまり会わないのか
な

朝にあいます，校門でみんな
にあいさつしてます

そうか，●●先生「おはよ
う」って毎朝声かけてるんだ
そんなとき，あなたは返すの
かな

いちおう　返します
でも，顔みないです
ダメですよね

そうか，顔は見ないけど，あ
いさつは返してるんだ。
うんうん，顔見るとどうなり
そう

相談者は「できていないこ
と」に注目しているが，相談
員は「できていること」に注
目してフィードバックを返
す。そして，もしこれまでと
は異なる行動をとった場合，
どのようになるかを想像して
もらう。

なんか聞かれるかも

聞かれると思うのはどうして
なんだろう

2年のときに何回か，話しかけてこられて，
なにかあったら言いに来いって言われたから

そうだったんだ，そのときは，お話したの？

ううん　しなかった

ちょっと抵抗があったのかな

はい　うまく話せないし。実際，どうなるかはわからないけど

そっか，そっか，うまく話せるか不安な気持ちと，でも実際はやってみないとどうなるかはわからない気持ちと，2つの気持ちが出てくる

「実際はやってみないとどうなるかはわからない気持ち」と命名することで，相談者が実際に行動に移すことを勇気づけている。

はい

さっきお話した，守る気持ちと，それを少し変えたい気持ちかな・・・

揺れ動く2つの気持ちをリフレーミングして伝え返す。

そうですね

うんうん，どっちも大事なあなたの気持ち

はい
どうしたらいいですか

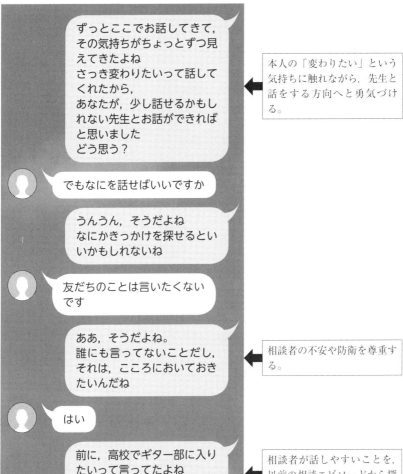

ずっとここでお話してきて，その気持ちがちょっとずつ見えてきたよね
さっき変わりたいって話してくれたから，
あなたが，少し話せるかもしれない先生とお話ができればと思いました
どう思う？

本人の「変わりたい」という気持ちに触れながら，先生と話をする方向へと勇気づける。

でもなにを話せばいいですか

うんうん，そうだよね
なにかきっかけを探せるといいかもしれないね

友だちのことは言いたくないです

ああ，そうだよね。
誰にも言ってないことだし，それは，こころにおいておきたいんだね

相談者の不安や防衛を尊重する。

はい

前に，高校でギター部に入りたいって言ってたよね
そのことを先生に聞いてみるのはどうだろう

相談者が話しやすいことを，以前の相談エピソードから探して提案する。

高校のことですか

あなたが，どうなりたいか
先生に聞いてもらって
応援してもらえるといいなっ
て

そうですね　できるかもしれ
ない

うん　無理はしないでほしい
けど，なにかきっかけになる
かな

はい，ありがとうございます
話できるようにがんばってみ
ます

ゆっくりでいいと思うよ，あ
なたのこころを大事にしてほ
しいから

相談者がこちらの提案を受け
入れたとしても，なお内面に
は不安があるものである。そ
うした不安に配慮して，無理
はしなくても良いことを伝え
る。また，相談員が相談者の
こころを大事に思っているこ
とを明確に伝える。

はい　わかりました

今日は，相談員の思ったこと
とか，たくさんお話しまし
た。
しんどくなかったかな，大丈
夫だった？

クロージングに向けて，今回
の相談が侵襲的ではなかった
かを確認する。

はい，いろいろ教えてもらっ
てありがとうございます

こちらこそ，お話ししてくれてありがとう
思い出したり，考えたりするとこころのエネルギーを使うから，疲れたんじゃないかなって思いました

大丈夫です

うんうん，では今日のお話は終わってもいいですか

はい，終了メッセージ送ってください

それでは，今日の続きをまた話しに来てくださいね
お待ちしてます

〈終了メッセージ〉
ご相談ありがとうございました。改めてご相談をいただいた場合は，別の相談員が対応をさせていただくことになります。その場合も，今回のやり取りを確認したうえでご相談にのることもできますのでご安心ください。本日は，ご相談ありがとうございました。

⑷ 第9〜第11セッション

■第9セッション

　1年時の担任と話そうとしたが，周りに人がいてうまくいかなかったとのこと。本人なりの努力やチャレンジしようとした気持ちを労って，支持した。その後，犬の調子が悪いことについて話す。

■第10セッション

　犬は動物病院に連れて行って，回復したとのこと。また，担任との面談日が迫っているので不安だと話す。その気持ちに寄り添いながら，継続して相談することを促す。

■第11セッション

　登校時，1年時の担任と目が合ったので話しかけようとしたら，他の子にさえぎられて，そのまま逃げるようにその場を離れたとのこと。無理かもしれないと話す。他のリソースについて話し合ったが，難しいとのことだった。本人の努力を労うが，応答も途切れがちであった。

■この時期の対応方針

　SNS相談事業の実施期間の終了が近づいており，そのことを取り上げて話し合っていく。また，相談実施期間が終了した後の相談先について話し合い，情報提供を行う。また，本人なりに「できたこと」も共有しながら，終了に向けての準備を行う。

⑸ 終結に向けてのセッション

　最後に第12セッションのやり取りを詳しく見ていく。その後，簡単に第13セッション（最終回）を報告する。第12セッションは3カ月の相談期間の終了直前のセッションであり，第13セッションは相談期間の最終日である。

■第12セッション

〈自動応答〉
相談ありがとうございます。今から相談員につなぎますので，はじめに年齢と性別，そして相談内容を教えてもらえますか？

こんばんは　相談員です

こんばんは
つづきの話です

今日もお話しましょう

昨日，●●先生が，お昼休みに教室にきて，話しかけてきました

え！　そうなんだ
この前のお話では，先生とお話しできなかったって教えてくれてたね

はい，でも向こうからきてくれて

うんうん，なんて声かけられたの

なんか話あるんじゃないかって言われました

198

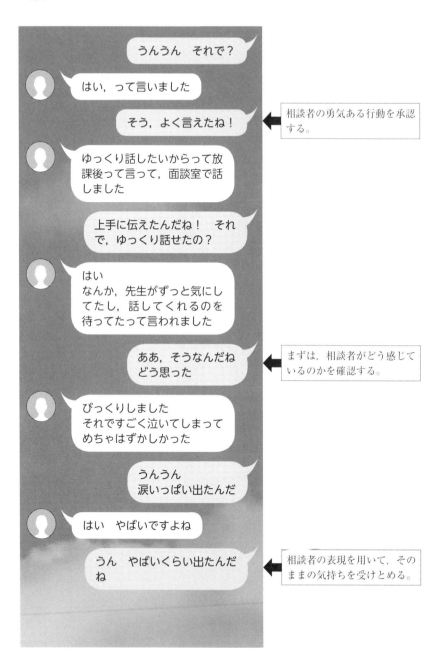

［今まで苦しい思いをしてきた
こと，誰にも話せずにきたこと
を伝えたと話す。また，高校で
はギター部に入りたいと思って
いること，今の担任にはうまく
話ができないことも，一気に話
すことができたという］

明日，どうすればいいですか
ね

明日って？　学校で先生に会
うときのこと・・

はい　なんか変な感じです

そうだね　急にいっぱい話し
たから，なんだか戸惑ってし
まう気持ちかな

はい

先生はいつも校門にいるんだ
よね

はい　そうです。

うーん，提案してもいいです
か

はい　お願いします

まず「おはようございま
す」って言ってみる

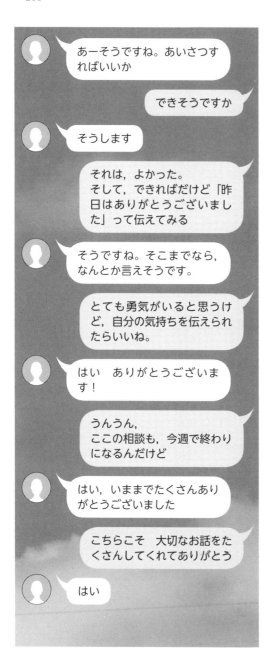

しんどかったことや，おうちのことや，好きなギターのことお話ししましたね

これまでの相談を振り返る

うん
聞いてもらって，いろいろ分かりました

これからも，どうか一人でかかえないで，ほしいです

でも，ここがなくなったらどうすればいいですか

前にも言ってくれたように，誰かに話すことで，気持ちが少し楽になったりすることがあるよね

これまでのSNS相談で，相談者が体験したことを取り上げる。

はい，そう思います

うん，お話ができるところ，いくつかあるよ
電話やメールでも相談をしているからね

そうなんですね

よければ連絡先をお伝えしておきますね
電話相談 000-000-0000
時間：平日○時～○時
メール相談　abcd@efg.com
URL XXXXXXXXX

他の相談リソースについての情報提供をする。

それに今日，先生に話せたように，
少しずつでもまわりのいろんな人とお話しできればいいね

そうなりたいです

うんうん　応援したいです
あさってまでは，お話を続けてできるので，よかったらまた来てください

はい，またきます

では，今日はこれで終わってもいいですか？

はい，ありがとうございました

それでは，また待っていますね。終了メッセージをお送りします

〈終了メッセージ〉
ご相談ありがとうございました。改めてご相談をいただいた場合は，別の相談員が対応をさせていただくことになります。その場合も，今回のやり取りを確認したうえでご相談にのることもできますのでご安心ください。本日は，ご相談ありがとうございました。

■第13セッション

　相談実施期間の最終日，終了時間の間際にアクセスがあり，「いままでの
お礼だけ言いたかったので」と来談された。相談員も感謝の気持ちを伝える
と，「これまでありがとうございました。話せなくなるのはさみしいけど，
がんばります」とのことだった。

3．まとめ

　中学３年生女子の相談者は，中学２年生時にいじめを受けたことがきっか
けで人間不信に陥り，以来，自分の気持ちを隠して周りに合わせることで，
なんとか形だけの人間関係を保ってきた。３年生になり，いじめの状態は解
消されたが周囲とうまく話せなくなり，親しい友人を作ることができずに孤
立していた。

　初回のセッションでは，まずこうした現状について聞き取っていった。そ
の中では，「生きていても仕方ない」という絶望的な気持ちも語られた。相
談員が，相談者の傷つきに寄り添いながら対話を進めていったところ，この
状況を何とかしたいという積極的な気持ちがあることも，共有することがで
きた。２時間にわたって相談を受けたが，相談者の問題はなお重く持続して
いる状況であるため，相談員は明日以降もまた続けて相談に来るよう誘い，
良好な反応を得て終わった。

　中盤のセッション（＃８）では，これまでの情報をもとに具体的，積極的
に介入を試みている。まずは「孤立」することは，傷ついた心を守るために
必要な対処法でもあったとリフレーミングし，相談者のそうした自助努力を
承認した。その後，相談者の生活場面における支援リソースについて探索
し，比較的話しやすい先生として，１年時の担任教諭が浮上した。相談員
は，相談者の気持ちの揺れに根気よく付き合いながらも，毎朝の登校時に
「その先生に挨拶する」「高校のギター部について話す」という具体的な行動
課題を提案し，相談者もこれに乗り気な反応を返している。

　相談実施期間の終了間際のセッション（＃12）では，1年時の担任教諭に自分の気持ちを伝えることができたことが報告された。相談者によれば，その先生が，相談者の様子から何か話したいことがあるのではと気づいてくれて，話しかけてくれたとのことであった。相談者が先生に，自分の悩みについて少しでも話すことができたのは，その先生の繊細な見守りと配慮のおかげとも言えるが，相談者がその先生に何度もサインを送ってきたことの結果であるとも言える。そこには，中盤以降の相談員の働きかけが効いていることが見てとれる。相談者は，自分からその先生に話しかけることまではできなかったものの，何度もその先生にサインを送っていた。その努力が実を結んだのである。

　さらにこのセッションでは，SNS相談の終了時期が近づいていることから，終了に向けて振り返りを行った。他の相談リソースについて情報提供し，自分の気持ちを少しずつ周りの人に話すことができるよう勇気づけた。

　以上の経過から，3カ月のSNSカウンセリングを通して，これまでなかなか自分の悩みを人に話せなかった相談者が，自分の悩みを素直に表現し，相談員と共にどうしていったらいいかを考え，不安と希望に揺れ動きながら，勇気を出して小さなチャレンジを積み重ねていったプロセスが読み取れるであろう。そのひとつの成果として，相談者は現実的な解決に寄与するであろう重要な契機を手に入れた。

　本章の冒頭でも述べたことだが，SNSカウンセリングは，特定の担当者による予約制の継続的な相談ではなく，毎回異なる相談員による，1回限りの単発の相談である。したがって，一人のリピーターの相談者に対して，複数の相談員がセッションごとに交替しながら対応する。

　SNSカウンセリングの実施事業者によっては，リピーターについての情報や対応方針をとりまとめ，相談員で共有するという作業が，相談業務の明確な構成要素とはなっていないところもあるようである。こうした方式のSNSカウンセリングでは，同じ相談者から何度も相談があったとしても，毎回，単発の相談が新たに重ねられるだけとなるだろう。このような場合，SNSカウンセリングはまさに単発の相談，毎回担当者が交替する相談であって，そ

れ以上のことはほぼ起きない。

　しかし，われわれのSNSカウンセリングにおいては，アクティブなリピーターについての情報をとりまとめ，対応方針を相談員の間で共有することを，相談業務の一環として明確に位置づけている。この作業は主任相談員の重要な業務のひとつとされているのである。われわれは，相談員がひとつの「チーム」として相談者に向き合うことを重視している。それによって，異なった相談員が対応しても，その対応にある程度の一貫性が保たれる。長い相談歴がある相談者に関しても，その経緯を踏まえた対応が促進される。このような方式のSNSカウンセリングでは，リピーターの相談はまったく単発の相談というわけではなく，一定の継続性をもった相談として成立している。相談者のほうも，SNSカウンセリングを，バラバラな相談員の寄せ集めによるその都度その都度の相談ではなく，まとまりをもったひとつの大きな人格による継続的な相談として体験するようになるものと期待される。

第6章 見守りが必要な相談者への「声かけ」

1. はじめに

　SNSカウンセリングにおいては，相談員が相談者に対して「声かけ」を行うことがある。ここで言う「声かけ」とは，相談員のほうから相談者に連絡を取ることである。

　SNSカウンセリングにおける「声かけ」には，個別の「声かけ」と全体への「声かけ」の2種類がある。後者の全体への「声かけ」の代表的な例としては，相談員の人数に比べてアクセスが少なく，相談の受付に余裕がある場合に，友だち登録者全員に対して「今，相談を受けつけていますよ」というメッセージを一斉に送信する場合が挙げられる。主任相談員がタイミングを見計らってこうしたメッセージを送信することで，ある程度は，相談件数を調整できることがある。本章で主に扱う「声かけ」は，こうした全体への「声かけ」ではなく，個別の「声かけ」のほうである。以下においては，特に気がかりな相談者に対してなされる個別の「声かけ」について，事例を通して検討する。

　SNSカウンセリングは，対面カウンセリングと同様，相談者が自発的に相談してくることを基本としている。相談者が自分のタイミングで相談する主体性が，問題の解決を促進するとともに，相談者の不要な傷つきの予防にもつながるからである。そのため，基本的にはこちらから「声かけ」をして，わざわざ相談に誘うようなことはしない。例外的に「声かけ」を行う場合でも，誰に対しても行うわけではない。「声かけ」を行うのは，特に気がかり

なケースに限られる。たとえば，いじめや児童虐待の被害に遭っている相談
者や，強い希死念慮を訴えている相談者などである。こうした相談者が，十
分な解決をみないままに相談が終わり，その後，連絡して来ないときなど
に，「声かけ」を行うことがある。

　ここで，どうして「声かけ」が必要なのかを考えてみよう。対面カウンセ
リングにおいては，カウンセリングを継続して行う場合，予約制であること
が多い。その時間や頻度なども，カウンセリングの構造として重要な要素と
なる。しかし，SNSカウンセリングでは，現在のところ予約制を取っていな
い。さまざまな理由が考えられるが，SNSカウンセリングは基本的に危機介
入のモデルに依拠していること，できるだけ多くの人たちにSNSカウンセリ
ングを利用してもらいたいことなどが挙げられる。そのため，相談員が相談
者に継続して相談してほしいと思っても予約を確保することはできず，引き
続いて相談するかどうかは，相談者の自発性に完全に任されることになる。
しかし，いじめや児童虐待，希死念慮が強いケースなどでは，相談者の命と
未来を守るため相談を継続させ，外部との連携につなぐところまで持ち込む
必要がある。そのためには，単に相談者の自発性に任せてしまわず，相談員
の側が継続相談の必要性を認め，相談者を相談へと誘うことが望ましいと考
えられる。もちろん，こうした「声かけ」は，相談に来るよう圧力をかける
ような呼び出しではない。あくまで相談者の自発性を尊重する姿勢に立ちな
がら，そのうえで行われるお誘いである。

　SNSカウンセリングでは，相談の後，相談アカウントをブロックする，
SNSアプリを削除する，端末を買い換えるなどのことがない限り，一度相談
に来た相談者とは必ずSNSアプリを介してつながることができる。また，
SNSによるメッセージの発信は，人に気づかれるようなものではなく，即時
的な対応を求めるものでもなく，侵襲性がきわめて低い。このように，SNS
カウンセリングでは，比較的，相談員の側から相談者にメッセージを発しや
すい。このことは，SNSカウンセリングの大きな強みである。

　以下に，いじめ，ハラスメント，そして児童虐待の事例を取り上げて，ど
のように「声かけ」を行うのか，またその「声かけ」によってどのように相

談が進んでいくのかを具体的に示す。

２．いじめの事例

　「学校に行きたくない」「いじめにあっています」との告白の後，導入部分で相談が中断した。後であらためて相談に来るとのことであったが，進行中のいじめに関する相談であることから，再相談を促す「声かけ」を行った。相談者は「声かけ」に応答し，相談が再開した。詳細状況を聞いていくと，同じクラスの男子からいじめを受けていることが話された。

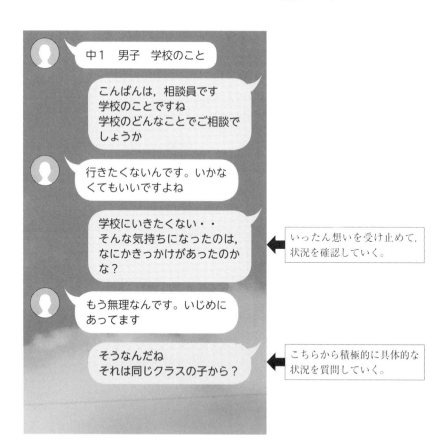

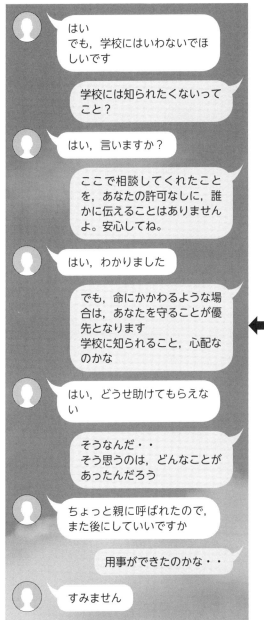

はい
でも，学校にはいわないでほしいです

学校には知られたくないってこと？

はい，言いますか？

ここで相談してくれたことを，あなたの許可なしに，誰かに伝えることはありませんよ。安心してね。

はい，わかりました

でも，命にかかわるような場合は，あなたを守ることが優先となります
学校に知られること，心配なのかな

守秘義務についての質問には率直に答え，明確に説明することが必要である。これは相談員にとっての職業倫理上の責務である。

はい，どうせ助けてもらえない

そうなんだ・・
そう思うのは，どんなことがあったんだろう

ちょっと親に呼ばれたので，また後にしていいですか

用事ができたのかな・・

すみません

いえいえ，あやまらなくて大
丈夫ですよ。
どれくらい後で，お話ができ
そうですか？

40分くらいです。

わかりました。いったん終了
して，また続きを聞かせてく
ださいね。
お待ちしています

[相談者の事情で中断する]
[40分が経過]

相談員です
さっきは，相談に来てくれて
ありがとう
よかったら，続きをお話しま
せんか？
都合はどうかな
今から，30分ほど待てるの
で，お待ちしていますね
メッセージに気づいたら話し
かけてね

相談再開の声かけをした。相
手の状況が不明なので，押し
つけがましくならないように
気をつけている。また，この
「声かけ」の送信後に待機で
きる時間も，明確に伝えてい
る。

[声かけから20分後，相
談者から応答があった]

おそくなってすみません
続きいいですか

はい，大丈夫ですよ
おかえりなさい，用事は終
わったのかな？

はい，夕飯だったので

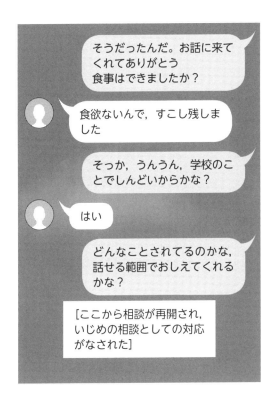

■振り返り

　SNSカウンセリングでは，日常生活の場のなかから相談をしているため，途中で離脱が生じやすいという特徴がある。本事例では，自宅からの相談中に，「夕食」という日常が割り込んできた。相談時間帯によっては，こうしたことはよく生じる。まして相談者の悩みは，いまだ家人には知られていないのである。相談者は，いじめの内容が深刻で，進行中であり，エスカレートしているにもかかわらず，日常のルーティーンをなんとか普通どおりにこなすことで，平静を装おうとしている。そうであれば，たとえ相談に集中したい思いがあっても，夕食のために相談を離脱せざるを得ないのも理解できる。

　相談者はいったん離脱した後，40分ほどで相談に戻れるという見通しを示した。そこで離脱から40分ほどが経過したところで，相談員のほうから「声かけ」をしてみた。そこから約20分後に，相談者から反応があった。このように，「声かけ」をすることによって，いったん中断した相談を円滑に再開することができた。

　SNSカウンセリングでは，必要に応じて，相談員側から話しかけることが可能である。深刻な状況がありながら何らかの理由で離脱が生じた相談で，このように相談員から「声かけ」をすることで，相談が再開する可能性を高めることができる。

　相談者は勇気をふりしぼって相談に訪れる。ちょっとした生活上の出来事で離脱が生じると，そのせっかくの最初の一歩が，十分な手応えが得られないままに終わってしまう。その相談者が，すぐにまた相談に来てくれるとは限らない。最初の一歩にしっかり応えることが，次の一歩へとつながる。最初の一歩はとても貴重なチャンスなのである。それゆえ，相談員は，相談者からの最初の相談の機会を最大限に活かすよう努力したい。そのために「声かけ」が役に立つ。

3．ハラスメント，希死念慮の事例

　SNSを利用した相談窓口は，若年層にとって利用しやすい窓口であることから，相談アクセスも多く，時には混み合ってつながらない場合がある。多くのLINE相談では，リッチメニューにある「相談する」というボタンをタップして相談を始めるのだが，受付アカウントが混雑しているときには，表 6-1 のような「混雑メッセージ」がシステムから自動返信される。

　本事例では，最初は混雑のためつながらず，混雑メッセージが自動返信された。相談者はこれに対して，「助けてください」「死んでいいですか」とメッセージを残している。相談員が対応できるようになった時点で，相談員より「声かけ」を行い，相談を促したところ，反応があり，相談が開始された。

表6-1　混雑メッセージの例

> こんにちは。ラインしてくれてありがとうございます。
> 『○○○○ライン相談』です。
> ただいま，相談が大変混み合っています。大変申し訳ありませんが，しばらくしてから，あらためてご相談ください。
>
> 今すぐ相談したいときは，電話相談は365日24時間，いつでも相談ができます。
> 『○○○○相談ダイヤル：000-00-0000』に電話してみてください。

　以下に事例のやり取りを示すことで，相談員からの「声かけ」がどのように相談を促進するかを示したい。

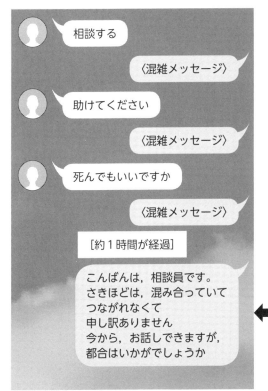

相談員からの声かけ。送られたメッセージは深刻なものだったが，情緒的になりすぎず，あっさりとした言葉を用いて最初の声かけを行い，ひとまず相談者の反応をうかがう。

あなたのメッセージが気に
なっています
今から 15 分ほどお待ちでき
ますので
メッセージに気づいたら話し
かけてください
お待ちしています

応答がないため，再度，声か
けメッセージを送信する。相
談者の発話を促すよう，相談
員がメッセージを読んで相談
者を案じていることを自己開
示している。また，待機でき
る時間を明確に伝えている。

[約 10 分経過]

すみません。相談いいですか

こんばんは，相談員です
お返事ありがとうございます
つながれてよかったです

はい

さっきは，混んでてお返事で
きずにごめんなさい。
よかったら，なにがあったの
か教えてもらえますか？

深刻な様子のメッセージに対
しては，何が起こっているの
かを「まず教えてもらいた
い」と関心を持つ姿勢を伝え
るメッセージを送る。

仕事を辞めたんです
本当は辞めたくなかったんで
すけど，でも，もう無理な感
じだったから

[ここから，職場での上司からの
ハラスメントの状況と，それにと
もなう体調不良やメンタルヘルス
上の問題が語られた]

■振り返り

　本事例では，相談者は最初に「死んでもいいですか」と希死念慮を訴えている。その最初のメッセージは混雑のためつながらず，自動応答が返されている。相談者はつながらないことで，より孤独感を深めたかもしれない。または見捨てられ感を抱き，怒りの感情を持ったかもしれない。

　その後，相談員が対応可能となったため，「声かけ」を行った。「声かけ」にただちに反応が返ってこなかったため，さらに「声かけ」を継続し，15分という時間を提示して，その間待っていることを伝えた。相談者から応答があり，相談が開始されることになった。

　死を示唆するメッセージが残された状態での「声かけ」を，どのような言葉で行えばよいだろうか。いろいろな考え方があるだろうが，本事例では，あまり情緒的にならず，あっさりとした表現を心掛けた。あまり情緒的な反応を返すと，かえって重く感じられて，相談者の気持ちが離れる恐れがあると考えたからである。また，相談に先立って送られたメッセージがどんなものであれ，すでに時間が経過しているため，心境が変化している可能性もある。本事例においては，「死んでもいいですか」というメッセージが送られているが，背景の情報もなく，約1時間が経過した時点でそのメッセージの内容に情緒的に反応しても，どのように受け取られるか予想がつかない。それゆえ，あっさりとした言葉で相談を受けられる状況になったことを伝えて，相談に誘っている。

　こうして相談者は，「声かけ」に応じるかたちで相談を開始した。相談者は，職場での上司からのハラスメントによる傷つき体験から抑うつ傾向にあるようであり，応答も途切れがちであったが，相談員は積極的に関わる姿勢を示しながら，根気よく関わった。

　このように「声かけ」をした場合，その後の反応の観察が大切である。声をかけるということは，相談員がイニシアティブを取って相談を進めるということである。声をかけた意図が，相談者にとってどのように体験されているのか，「声かけ」の後の反応を注意して見極めることが大切である。「声か

け」が有効な相談プロセスをもたらしているのか，常に検討し，場合によっては柔軟に軌道修正していくことが大切であろう。

4．児童虐待の事例

　上記の2事例はいずれも，同じ相談日の相談受付時間内で「声かけ」をした事例であった。次に，最初の相談が途中で終わってしまい，その翌日にあらためて「声かけ」をした事例を紹介する。

　相談者は，家族のことで相談したいということであったが，そこで語られた内容は児童虐待を疑わせる内容であった。しかし，相談者には時間的な余裕がなく，十分に相談を進めることができないままに，相談はあわただしく終わってしまった。そこで，翌日の相談開始時間に，相談員の側から「声かけ」をした。そうすることで，相談を再開することができた。

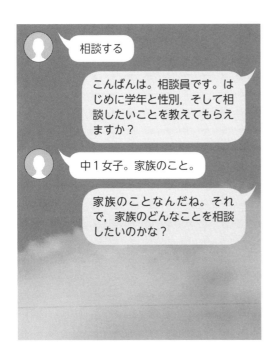

[相談員が，相談者の家族の状況を聞いていくと，以下のようなことが明らかになった。相談員の母親は，二度の離婚後，シングルマザーとして相談者と弟の2人の子どもを育てている。母親はささいなことがきっかけで激高しやすく，相談者や弟に暴力をふるう。弟は小2でまだ幼いため，相談者は，自分が学校などに出かけていて母親と弟が2人だけで家にいる時間に，何か「怖いこと」が起こるのではないかと心配になるという。また，母親がパートタイムで働き始めたため，最近は相談者が家事のほとんどを行っている。相談員は，相談者の心情を汲みとり，共感的な応答を返しながら，さらに状況を聞き取ろうとしていた]

中1でそれだけ家のことをしているの
それは大変だね

すいません。もうすぐお母さんが帰ってくるから，もうご飯作らないと

ああ，そうなんだね　気が付かずにごめんね
お家のこと，しないといけなかったんだね

相談者が，相談の中断に負い目を持たないように，相談員のほうから気遣いができていなかったことを謝る。

はい　すいません
聞いてくれてありがとうございました

218

うん，うん
さっきも言ったけど，今日は相談に来てくれて本当にありがとう
お話が途中になったし，Aさんと弟さんのことがとても心配だから
明日，続きのお話しませんか

はい，またきます

ありがとう。
それと，今日，お話して思ったこと，
相談員から，Aさんへのメッセージを書いておくので，
あとで見られるときに見ておいてくださいね

はい，みます。ありがとうございます

それでは，また明日
今日は大切な相談をしてくれてありがとう
Aさんのお家でのこと，心配です。
もし，ひどいことが起きたら，周りの大人に助けてもらってほしいです。
24時間受け付けている電話の相談があるのは，知っているかな・・・
「189」にかけると，近くの相談できる相談所につながるからね

ここで単に相談を終わってしまうと，深刻な状況にいる相談者を放置することになってしまう。相談員は，このような深刻な状況を把握したからには，相談者をこのままひとりで放り出さないという姿勢を積極的に伝えることが重要である。そのため，明日，相談の続きをしようと提案している。

相談を途中で終えなければならない場合，次回つながるまでの当面の対処法を，できるだけ伝えておきたい。メッセージを残すと伝えることで，ゆっくり文章を検討できる時間を確保したうえで，侵襲的になりすぎないよう，慎重に言葉を選択する。

もし今夜，あなたや弟さんに困ったことが起きたら，電話してみてほしい
どうか，一人で抱えないで・・・
そして，これからのこと，どうしたらいいか一緒に考えたいから，
明日，17：00 から 21：00 までつながれるから，きっと来てくださいね
待っています。

それでは終了メッセージを送ります。

〈終了メッセージ〉
ご相談ありがとうございました。あらめてご相談をいただいた場合は，別の相談員が対応をさせていただくことになります。その場合も，今回のやり取りを確認したうえで，ご相談にのることもできますのでご安心ください。本日は，ご相談ありがとうございました。

［翌日，相談開始時間の直後に相談員から声かけのメッセージを送信する］

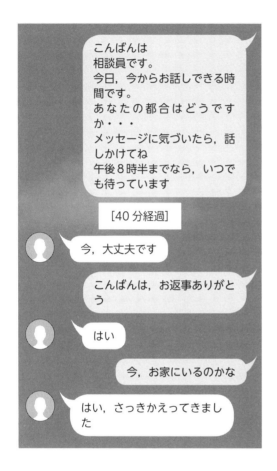

　この後，具体的に昨夜の様子を確認する。相談者が「母親はストレスを抱えている」と話したことから，母親のストレスを和らげるためにも，他の大人に相談することが役に立つかもしれないと示唆し，他の大人に相談することについて具体的に話し合った。その結果，学校名と名前を教えてもらうことができた。本人の希望を聞き取り，学校で担任に声をかけてもらうよう，学校に依頼することを約束して終了した（このSNS相談は地方自治体の教育委員会からの業務委託によるものである）。

■振り返り

　以上，児童虐待の可能性があり，看過しておくことができない状況を把握しながら，やむをえず相談が途中で終わってしまったため，翌日以降に「声かけ」をして相談を再開した事例を提示した。

　児童虐待，いじめ，深刻な自殺念慮などが具体的に把握されたにもかかわらず，相談が不十分なままに途中で終わってしまったときは，そのまま放置しておくべきではない。相談員が何も積極的にメッセージを伝えずに放置してしまうと，相談者は「自分のことなんて誰も真剣に気にかけていないんだ」という思いを強めてしまうだろう。こういう場合には「声かけ」によって相談に誘い，相談を続けることが必要になる。その日のうちに相談の時間が確保できない場合には，翌日以降に「声かけ」をすることになる。

　相談員がこうした「声かけ」をしても，応答がないこともある。こうした場合，応答が返ってきた時点ですぐに対応できるよう，待機できる体制を整えておきたいところである。相談が混雑している場合や相談アカウント数が少ない場合など，待機できる体制が得られないときには，相談者がアクセスしてきていないか定期的に確認し，アクセスが確認できた場合には優先的に対応するよう工夫したい。

　また，虐待など，家庭内に問題がある場合，頻回に声かけメッセージを送ることは避けておくことが無難である。なぜなら，相談員からのメッセージが着信するたびに，家庭に置かれている相談者のスマホから着信音が鳴ったり，待ち受け画面にメッセージの受信通知が表示されていたりするかもしれないからである。相談員の「声かけ」によって，相談していることが不本意な形で家族に知られてしまう可能性もある。相談員は，相談者の生活場面にも心を配りながら，メッセージを送らなければならない。

5．まとめ

　本章での事例のように，いじめやハラスメントや児童虐待などに遭って生

きることへの希望を見失い，人間不信に陥っているような相談者であればあるほど，相談することにエネルギーと勇気が必要となる。それだけのエネルギーと勇気をかけて相談したにもかかわらず，相談につながらなかった場合，再度自分から相談しようという動機を高めることは難しくなる。だからこそ，相談員のほうから相談者に「声かけ」を行うことが，必要かつ有効なのである。生きていくつらさを抱えている相談者からすると，こうした「声かけ」は，雲の切れ間から光が差すようにさえ感じられるのではないだろうか。「声かけ」は，SNSカウンセリングの特性を生かした手法であると言える。

　ただし，「声かけ」はいつも有効であるとも限らない。場合によっては，相談者に思いがけない傷つきを与えてしまうこともありうる。このことに関しては，以下のロロ・メイの言葉が非常に示唆的である。

　　　カウンセラーには，クライエントからの「面接に応じる用意がある」という姿勢を示す必要があるが，カウンセラーがクライエントとの面接を「切望している」という印象を与えすぎてはならない。（中略）われわれは，決してクライエントに来談して自分の問題について話すよう要求することはできない。このような要求は，人格の自律性を侵害するものである。そのような要求をするなら，それはもう面接を開始する以前に，面接を台なしにしてしまうことになる。というのも，人格の変容は，本人自身にその準備ができている場合にのみ生じるからである。（中略）面接は，常に，カウンセラーからではなく，クライエントから求めてなされる形に整えられる必要がある。（May, 1938）

　SNSカウンセリングは，人格の変容を必ずしも第一の目的としているわけではないが，すでに述べたように，相談者が自発的に来談しようとするタイミングや主体性を尊重することは，それ自体が問題の解決を促進し，相談者の不要な傷つきの予防に役立つ。また，一度「声かけ」をすると，相談者は「昨日は声かけをしてくれたのに，どうして今日は声かけをしてくれないの

か」と思うかもしれない。そうなると，SNSカウンセリングや相談員の存在そのものが，相談者を傷つけてしまうことになりかねない。それを防ぐためには，「声かけ」をするにしても，いつも「声かけ」をしてもらえるという期待をいたずらに高めないよう，表現の工夫が必要になるかもしれない。「声かけ」をする前に，「声かけ」をすることによって発生する，プラスとマイナスの両面の影響を考えておく必要がある。

【文献】

May, R.（1938）*The Art of Counseling.* Abingdon Press.

第7章 ありがちな失敗

ありがちな失敗

1. 心理カウンセリングにおける良い例・悪い例

　SNSカウンセリングに限らず，心理療法や心理カウンセリングにおいて「良い事例」を定義することは難しい。カウンセリングのプロセスで，相談者にどのような変化が生じるかはケースバイケースである。言葉にすることで心が整理されるケース，状況を振り返り自身や周囲のリソースに気がつくケース，葛藤するなかで新たな自己像を発見するケースなど，体験されるプロセスにはさまざまなレベルがある。また，相談者の心の状態が好転する程度や契機も一様なものではない。そのため，カウンセリングにおいての「良い対応」についてある程度述べることができたとしても，それはあくまで理論上のものとならざるを得ない。

　臨床実践のなかでは，あるケースで非常にうまくいった応答が，別のケースではまったく不適切ということも十分にあり得る。また，相談員が良い対応をしていれば良い展開がもたらされるかといえば，必ずしもそうではない。時にはカウンセラーのミスや勘違い，偶然の出来事を契機に相談者が良い方向に向かっていくような場合すらあるが，もちろん，それらは別の事例に応用してうまくいくというものではない。つまり，心理カウンセリングは，「相談員が適切な対応をすれば相談者は変わる」というように単純な図式には収まらないところがあり，そこにこそ心理カウンセリングの難しさとおもしろさがある。

　人の心の状態や構造は個別性が高く，加えてその人を取り巻く状況もさま

ざまである以上，「こうすれば心の問題は解消する」といった方法論を確立することは困難だ。したがって，SNSカウンセリングの相談員には，どのようなケースでも安定して話を聴くための確かな臨床的態度と，その場に応じて対応を変える柔軟な応答性の双方が，必要とされることになる。

　良い例について述べるのが難しい一方，悪い例は比較的明らかである。ある相談者にとってまずい応答は，他の相談者にとってもたいてい良くない結果を招くものであるだろう。少なくとも，相手に添わない可能性が高い応答について具体的に知っておくことは，相談員が自身の態度を見直すために直接役立つものである。おそらく，SNS相談員の多くは，相談者のために良かれと思って対応を行っているだろう。しかし，これから見ていくように，相談員の「良かれ」という思いそのものが，相手にとっては一方的なものと体験される可能性もある。SNSカウンセリングが，信頼できる拠り所として社会に根付いていくためには，一人ひとりの相談員が謙虚に自身の対応を振り返り，基本を押さえつつも柔軟な臨床的姿勢を身につけていくことが必要であろう。人と人との関係に拠って立つものである以上，相性の善し悪しがあることは否めないが，相談員側の非専門的な態度によって相談者を失望させてしまうことがあってはならない。

　本章では，SNSカウンセリングでしばしば見られる4つの失敗例，①引き受けない相談員，②自分の話をする相談員，③導きすぎる相談員，④相手に委ねる相談員，を取り上げる。おそらく相談員自身は問題を自覚していないだろうと思われるケースも含まれており，自分で自分の問題を認識することが意外に難しいことが示唆されている。まずは，これらのケースを読んで，どこが問題なのかを指摘できるようになることが重要であろう。読者に考えてもらえるよう，この章では事例の横には解説を示していない。

　読者には事例を一読して，解説を読む前に，自分はその事例についてどう思うか，相談員の応答の良いところと良くないところを，じっくり考えてみてほしい。ただ感覚的に良い，良くないと判断するだけでなく，どうしてそうなのか，その応答はどのような良い効果や良くない効果をもたらすと想定されるのかを，考えることが大切である。もし身近に一緒に学ぶ仲間がいる

なら，それぞれの意見をシェアして話し合ってみてほしい。ただ読み流すだけでなく，そのような作業に取り組むことで，相談員としての対応のスキルはさらに深められるだろう。

2．引き受けない相談員

1つ目の事例は，16歳の女子高校生のケースである。相談者は，対人関係の問題から高校をやめたいと考えているが，将来のことを考えて葛藤も感じているようだ。

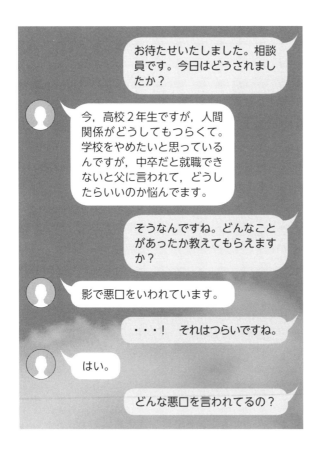

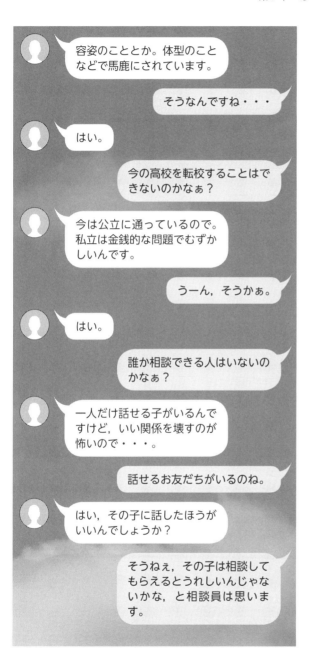

そうですか。重い話をするの
は悪いなと思ってしまって。
親には精神科に行ってみたら
と言われました。

精神科？　体調が悪いのか
な？

 毎日あまり眠れなくて，その
せいか手が震えたり動悸がし
たりします。

学校にはスクールカウンセ
ラーの先生はいないのか
なぁ？

 来ていると思いますが，男の
先生なので緊張します。

そうなのね，他に話しやすい
先生はいない？

 はい。。。

通っていらっしゃる病院にカ
ウンセラーさんはいらっしゃ
らないかしら？

 わかりません。すいません。
これから用事があるので返信
できなくなります。

用事があるんですね。一人で
悩まずに相談してください
ね。

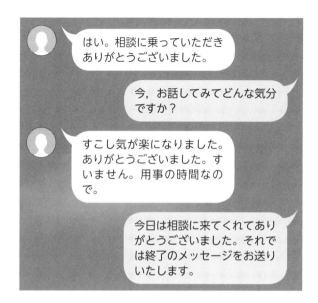

■振り返り

　この相談員は，基本的には相談者の話に対して否定せずに応答し，高校生の相談者に対して，友人やスクールカウンセラーなど身近なリソースを探ろうとしているという点で言えば，対応の方向性が大きく間違っているというわけではない。相談者は自身の状況を適切に説明してくれていて，内省力や言葉での表現能力が高い人と見立てられるため，このような場合には対面での相談窓口を紹介することが，相談者にとってより有益である場合が多いことも確かであろう。

　しかしながら，この相談員は臨床的専門性が高い対応をしているとは言えない。相談員は，転校，友人に相談，スクールカウンセラーに相談・・・と，「ここではない場所」で話すよう提案することを繰り返している。提案や情報提供の内容がいかに適切であっても，相談員に対してこの人は話を聴いてくれる，信頼できるという実感をもてないのであれば，それが相談者に受け入れられるはずがない。提案はまったく意味がないものとなるばかりか，相談員は適当な情報を与えて見捨てようとしていると体験されてしまう

かもしれない。

　SNSカウンセリングに訪れる相談者は，そのアクセスのしやすさを魅力に感じて来談していることが多い。それは裏を返せば，誰かに直接相談することに対して，何らかの抵抗を感じている場合が多いということでもある。勇気を出してアクセスした相手が，次々と別の窓口を紹介しようとするのであれば，「やはり相談するべきではなかった」「頼れるところなんてないんだ」などと相談者を失望させるなど，せっかくの来談意欲をくじいてしまうことにもなりかねない。実際，この事例では「用事があるので」と，やり取りの途中で相談者が離脱している。相談者が日常生活のなかでアクセスできるSNSカウンセリングでは，実際に別の用事が入る場合も当然ありうるが，やり取りの途中で突然離脱の申し出がある場合，相談者がSNSカウンセリングに見切りをつけた可能性についても考えてみる必要がある。

　また，この事例では，相談者がずっと丁寧語なのに対して，相談員の語調だけが途中からくだけたものになっている。相談者の過度な緊張を和らげるなどの明確な目的・方針のもとに，相談員が積極的に表現を崩すことはありうるが，この事例では反対に，言葉遣いのズレが，相談者の気持ちが離れていくのを促進してしまっているかもしれない。基本的に，相談員は相談者の語調に合わせることが望ましく，仮に相談員が語調を柔らかくしてみたが，やはり相談者との離齬を感じるという場合には，相談員も元のトーンに戻すなどの調整が必要であろう。SNSカウンセリングは文字のみで進行するため，表現には常に細やかに気を配ることが大切である。

　相談員は最後に「お話してみてどんな気分」かと尋ねているが，このような問いは安易に投げかけないほうが良い場合も多いので，注意したい。この事例のように，相談者の状態に変化が生じるような契機が見つけがたいケースでは，相談者に気を遣わせることになってしまう。この相談者も「友人に重い話がしにくい」と述べているが，特に昨今の若い世代は，他者に対してネガティブな発言をしないように繊細に気を配っている人が多い。たとえ満足していなかったとしても，無難に，早急に離脱するために，ポジティブな評価を返している可能性もある。相談者にプロセスを振り返ってもらうため

に，こうした質問をすることもあると思われるが，その場合にも，それが相
談員側の不安を和らげたり，やりがいを保証するための質問にならないよう
に配慮が必要である。

3．自分の話をする相談員

　次に取り上げるのは，20代女性の相談者の事例である。精神疾患のために
大学を中退し，自宅で過ごしているが，家族に対して複雑な気持ちがあると
のことで来談された。言葉遣いも丁寧で，落ち着いて自身の状況を伝えてく
れる相談者である。

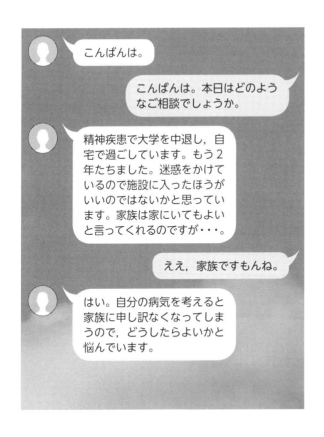

あなたの障害について，もう少しきかせてもらえますか？私はそれほど詳しくないので。

医師からは社交不安障害と診断されています。中学でいじめにあって以来，人が怖いと感じ，私の場合は特に同年代が怖いと感じてしまいます。電車に乗ったり人の多いところに行くのが怖いという症状です。

なるほど，そういう障害なんですね。お薬は飲んでおられますか？

飲んでいますが，効いているかどうかわかりません・・・。

今は，私と LINE していて，落ち着いていますか？　もし，イラッとしたり，いやだなと感じたら，言ってくださいね。

大丈夫です。こんな重い話をしてしまってすみません。

とんでもない。お話しすることで，少しでも楽になってもらえたらいいのですが。

相談員さんは，大学生さん，とかでしょうか？　変なことを聞いていたらすみません。

いえいえ，大丈夫です。おじさんですよ。本業を引退しているので，あなたからしたらおじいさんに見えるかもしれませんね。

そうなんですね！　どうしてこのお仕事をされているんですか？

仕事を引退したので，人の役に立てることをしたいと思ったからなんですよ。

すごいですね

いえいえ（笑），あなたのような若い人とお話しできるのでうれしいです。

相談員さんは，病気の人と結婚するとなったら，抵抗ありますか？　息子さんや娘さんが，病気持ちと結婚するとなったら困りますよね。

いやいや，実は娘の旦那は仕事をしていないんですよ。芸術家を目指しているんだけど全然収入がない。もう50代なんですけどね。だからあまり気にしないほうじゃないかな。

へえ，そんな方もいるんです
ね。少し勇気がでました。

ははは，それはよかった。こ
んなふうに明るく話せて，あ
なたは十分健康的だと思いま
すよ。

そう言ってもらえてうれしい
です。あまり健康と言われる
ことがないので。

本当に，そう思いますよ。

本当に健康だったらいいんで
すが・・・。だめな自分がい
やになってしまいます。こん
な話を聞いてもらってありが
とうございました。

だめなんかじゃありません
よ。他にお話したいことはあ
りませんか？

大丈夫です，今日は本当にあ
りがとうございました。

それでは相談を終わらせても
らいますね。

〈終了メッセージ〉
ご相談ありがとうございました。改めてご相談をいただいた場合は，別の相談員が対応をさせていただくことになります。その場合も，今回のやり取りを確認したうえでご相談にのることもできますのでご安心ください。本日は，ご相談ありがとうございました。

■振り返り

　SNSカウンセリングには，しばしばコミュニケーション能力の高い相談者が訪れる。そうした相談者の場合，相談者のほうが相談員に気を遣ったり，合わせてくれたりして，表面上は楽しい会話のようなやり取りになることもある。相談者は自分が病気でだめだと語っているが，少なくともここでのやり取りからは，他者に対して細やかに気を遣うことができ，自身について言語化する力も高い人だと見立てられる。この事例では，まるで「近所のおじさん」のように素朴に対応する相談員に対して，相談者のほうが合わせてくれており，途中からは相談者が聞き手になるような雰囲気すらある。表面上は，それほど問題なく終了したように見えなくもないが，終盤で相談者が「本当に健康だったらいいんですが・・・」と漏らしているところに，相談者が自由に語ることができなかったことがうかがえる。当然のことながら，SNSカウンセリングではあくまで相談者が中心であるので，相談員が相談者の力や繊細さ，気遣いに甘えてしまうことがあってはならないだろう。

　この相談員は，相談者を慰め元気づける「いい人」としての対応をしている。これは日常会話としては一般的なものかもしれないが，相談員としては適切とは言えない。たとえば冒頭で，相談者が家族に対する申し訳なさについて述べた際，「家族ですもんね」と返しているが，これは，"家族は，お互

いを大事にするものだ"という価値観を暗に押しつけていることになり，家族の状況やイメージの多様性を考慮しない応答である。また，相談者が「病気」と表現しているところを，相談員は「障害」と言い換えてしまっている。こうした言い換えは相談者に大きな違和感を与えかねないため，引用については正確に行うべきであるし，時には「　」でくくるなどして，相談者の表現をそのまま使っていることが伝わるようにする工夫も必要である。

　加えて，この事例では，不用意な自己開示が続けざまになされていることを指摘したい。相談員は自分が病理について詳しくないこと，自分がおじいさんのような年齢であること，自身の家族の状況やそれに対する価値観までを次々と話しており，そのことによって相談者が聞き手に回る展開となっている。心理カウンセリングでは，相談員個人について相談者が尋ねてきた場合でも，日常会話のように素朴に答えたりはしないことが基本だ。それは，問いに答えることよりもまず，相談者がなぜそのような問いに至ったのかを考えることが重要であるためである。たとえば，相談員に対する不信感から質問をしている場合と，幼いところのある相談者がストレートに相談員に興味を持って質問した場合では，まったく質問の意味が異なってくる。そのため，時には相談者に，なぜそのような質問をしたくなったのかを尋ねるなどしながら，質問の背景にある相談者の心理について考えることが重要である。

　また，SNS相談員は，臨床心理学や精神病理の基礎的な知識をもっていることが望ましく，「社交不安障害」などの基本的な概念については，ある程度理解していることが期待される。仮に耳慣れない概念が出された場合でも，「詳しくない」ことを不用意に開示すれば，相談者は「相談員なのにそんなことも知らないのか」「ここに相談すべきではなかったのだろうか」と不安に感じるかもしれない。不用意に知識のなさをさらけ出すことは，専門性に欠ける行為と言えるだろう。相談員があまり詳しくない話題が出た場合には，「どのような症状がありますか」「もう少し詳しく教えてもらえますか」など，相談者の言葉を広げるような尋ね方が有効かもしれない。ただし，病理についての知識を持っていればよいというわけでもない。具体的な

病名，診断名に言及される場合でも，実際に診断・投薬を受けている場合もあれば，気分が落ち込んだ状態を自己判断で「うつ」などと表現している場合もあるので，文字どおりに受け取ることなく，そのつど相談者に教えてもらう，という姿勢をもって臨むことが大切である。

　一方，適切な見立てと方針のもとに行われるなら，相談員の自己開示が有効に働く場合もある。SNSカウンセリングでは互いに相手が見えないぶん，相談員のほうから情報をオープンにしていくことで，安心感が生まれたり，具体的に話が進みやすくなったりすることもあるのだ。たとえば，相談者から好きなアニメやキャラクター，アイドルなどの話が出た場合に，正直に「私はあまり詳しくないですが」と前置きすることが有効な場合がある。「よく知らないので教えてほしい」と素直に伝えることで，相談者がより基本的なところから話しやすい雰囲気ができる。好きなものをどう説明し，どう語るかは，相談者の内面を知る手がかりになるし，嗜好が多様化する昨今では，親しい間柄の人にも自分の好きなものについて話す機会を持たない人も多い（詳しくは『SNSカウンセリング・ハンドブック』の第10章を参照のこと）。相談員が素人だと伝えることで，相談者がそれを好きなポイントについて表現しやすくなったり，「ここは好きなものについて好きなだけ話してよい場所ですよ」というメッセージを伝えることにもなる。このように，相談員の自己開示が語りを促す効果をもつこともあるため，あくまでも状況に応じて使い分けることが必要であろう。

　話を事例に戻すと，この相談員は，臨床的見立てなしに漫然と自身の主観を述べている点が問題と言える。その結果，相談者の話を聞くという最も重要な仕事ができず，相談員中心の対話となってしまった。相談員は最後に，「だめなんかじゃない」と元気づけるような言葉をかけている。相談員としては元気づけたつもりかもしれないが，「だめな自分がいやになってしまう」と感じている相談者を受けとめるプロセスがなければ，相談員の励ましは意味のないものとなってしまうだろう。そればかりか，今の自分の気持ちを否定されたように感じて孤立感を深めたり，重い話をして悪かっただろうかと罪悪感を持ってしまったりと，さらに相談者を追い詰めることにもなりかね

ない。心理カウンセリングで相談員が自分のことを率直に話すことは，相談者の話をしっかりと聞くという基本ができていてこそ，有効に働きうるのである。

4．導きすぎる相談員

　3つ目の事例の相談者は，40代の女性である。2人の子育てをしているなかでの葛藤についての相談である。

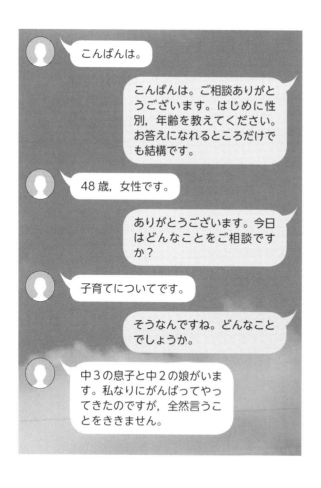

そうなんですね。お子さん二人の面倒を見られるのも大変なことですよね。ちなみに，お二人とも同じように，言うことを聞かなかったりされるのでしょうか？

はい，私がうるさく言い過ぎるのか，私の声が届いていないかのようです。

そうなんですね。もう少し詳しく教えていただけますか？

毎日鞄も服もリビングに散乱，まったく手伝いもしてくれませんが，送り迎えやお金の要求は多くて。頭が痛くなってしまいます。

そうなのですね。生活のなかで，お子さんのそんな様子に苛立ちがおありなんですね。お母さんの言うことを，お子さんたちにわかってほしいと思われているんですね。

そうなんです。昨日，私は家政婦じゃない！と思って，子どもたちに黙って夜に外に出たんですが，戻っても私がいなかったことに気づいていないようでした。自分の存在価値がわからなくなりました。

240

お子さんのことを想って頑張ってこられたんですよね。でも，お子さんを2人も，ここまで育ててこられたあなたは，本当に素晴らしいお母さんです。私はそう思いますが，いかがですか？

私なりに頑張ってはきました。でも母はすごくできる人なので，家族にも否定されているようで相談できる人もいなくて。

そんなふうに言われるんですね。今までのお話を整理してみると，私はこんなふうに感じました。お子さんは言うことを聞いてくれない。お母様には責められる。今，あなたは誰も味方になってくれる人がいなくて，孤独を感じていらっしゃるんですね。私はそう感じましたが，いかがでしょうか？

孤独感はすごくあります。

今，一番子育てがシビアな問題だと思います。だからこそ，とてもおつらいですよね。お母さんとは損なもので，お子さんたちがお母さんのありがたみに気づくのに，あと数年はかかると思いますよ。その間，お母さんも息抜きしてみたらどうですか？習い事をしたり，旅行に行ったり。30分だけご自分の時間を。。。といってもそれでは短すぎかもしれませんね。

毎日何かしら
あって，難しそうです。
経済的余裕もありません。

小さなことでいいので，自分に優しくしてあげるとしたら，何ができそうですか？

時々ですが，季節限定のお菓子を買って一人で食べるくらいです。

それは素敵！　時々頑張った自分にご褒美をあげましょう！　それこそが，自分に優しくするということです。お子さんのために頑張っていらっしゃる分，自分にも優しくしてあげてくださいね。

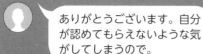
ありがとうございます。自分が認めてもらえないような気がしてしまうので。

そうなんですね。誰に認められたいですか？

母親？　小さい頃から私に対して否定的な言い方をすることが多い母なので。。。

お母さんに認めてもらいたい，愛されたいと，ずっと寂しい想いをされてきたんですね。お母さんに，素直に気持ちを伝えてみてはいかがでしょうか？

一度言ってみたことはあります。でも，過去のことでしょという感じで。それからは言っても無駄だと思っています。

そういうことがあったんですね。では，お母さんに実際に出さなくていいので，自分の想いを一度手紙に書いてみてはいかがでしょうか？　そして，その手紙を自分が受け取ってあげてください。今まで寂しかった。愛されたかった。そんな想いを持っている自分を，自分が愛してあげてください。そんな想いを抱えて，今まで頑張ってきた自分をいたわってあげるのです。こんなふうに自分の素直な気持ちを手紙にしてみるのは，いかがでしょうか？

母への気持ちを手紙に書いて，自分が受け取るということですか？

はい，そのとおりです。

なるほど…。できるかわかりませんが，今度試してみます。

ぜひ試してみてくださいね。今日は相談してみていかがでしたか？

はい。よかったと思います。

それはよかったです。それでは，この後，終了のメッセージをお送りいたします。

〈終了メッセージ〉
ご相談ありがとうございました。改めてご相談をいただいた場合は，別の相談員が対応をさせていただくことになります。その場合も，今回のやり取りを確認したうえでご相談にのることもできますのでご安心ください。本日は，ご相談ありがとうございました。

■振り返り

　この相談員は，言葉数が多いのが特徴的である。特に後半は，相談者の言葉よりも長い返答が目立ち，そのために相談員のほうがどんどん気分が上がっているような印象を受ける。意見やアドバイスを述べる際に「私はそう感じましたが，いかがでしょうか」と断っており，主観を押しつけないようにしようという姿勢は感じられるのだが，相談者の語りに対して「一を聞いて十を返す」ような反応が目立つ。相談者の言葉を膨らませたうえで，さらに言葉を換えた表現を重ねていくため，相談者の物語が相談員によって導かれているように感じられる。一つひとつの応答が相談者の気持ちとそれほど大きくずれているわけではないのかもしれないが，「素晴らしい」「自分にご褒美」「自分を愛して」といった表現が多く，全体にポジティブに引き上げようとする方向性が強いようだ。

　特に象徴的なのは，終盤の「母への思いを手紙にし，自分で受け取る」というアドバイスであり，相談者はやや困惑しているようにも見える。相談員にとっては何らかの理論や，これまでの臨床経験に基づいた助言をしているつもりかもしれないが，そうしたアドバイスが役に立つのは，相談者がSNSカウンセリングの場で十分に表現できていたり，相談員との間にある程度の関係が構築できていてこそである。相談員主導で進むプロセスは，カウンセ

リングとは言えない。相談者が少し先を行き，相談員はそこに添うようについていくようなイメージを持つとよいかもしれない。

　このような相談員は，主観的には「共感」しているつもりになりやすい傾向があるので，注意したい。「母に愛されたかった」「自分に優しく，ご褒美をあげる」などはわかりやすい枠組みではある。しかし，相手を無視してそれらしい物語に当てはめることは，決して共感とは言えない。また，「自分の話をする相談員」の事例でも見られたことであったが，ネガティブな状態にある相談者を，安易にポジティブにしようとすることは慎まなければならない。相談者のなかには，自身のことをネガティブに評価していたり，自信をなくしていたりする人も多いが，「そんなことはない」「大丈夫」「あなたは素晴らしい」などの表現を不用意に用いるべきではないだろう。負の感情は，日常の人間関係のなかでは気軽に話しにくいものである。だからこそ，SNSカウンセリングがそれを語れる場として提供される意義がある。中途半端にそこから引き上げようとすることは，ネガティブな感情そのものを否定して真の回復や治癒から遠ざけることになってしまうかもしれない。

5．相手に委ねる相談員

　続いての相談者は，40代の男性である。仕事も家も失い，生活に困窮した状態で自殺を考えていたところ，SNSカウンセリングの存在を知り，アクセスしてきた相談者である。

246

 精神的に弱くて何事もうまくいかなくて困ってます

精神的に弱いと思われるんですね。。。もう少し詳しくお話していただけますか？

 仕事も続かなくて，住むところもなくてホームレス状態です。実家にも帰れないし。

住むところがない？　それはとても不安な状態なのではないかと想像します。今，どうされているんですか？

 今は友人の家に世話になってます。

泊めてくれるお友だちがおられるんですね。

 1日だけですが。いつもは公園とかで寝たりしてます

ご実家に帰れないというのは，帰りにくい雰囲気があるのでしょうか？

 両親は離婚してます。帰る家はありません。19で家を出ましたが仕事がろくに続かなくて。

それはつらい状況ですね。。。長い間，頑張ってこられたのですね。

仕事を続けられない自分が悪いんですが。

お仕事をやめたくなるときは，どんなお気持ちになるのでしょう？

逃げたい気持ちでいっぱいです。

逃げたい？

前の職場は上司が大声で怒鳴るので，怒られる毎日がつらくてやめました。

怒られてばかりではやめたくもなりますよね。。。

はい。

自殺を考えてるときにこの相談を見つけたので。

そうだったのですね。自殺を考えられた・・・？

親に怒りの気持ちがあります。できない自分にも。だから殺したい。

それほどの怒りがご自分に向くというお気持ちを，もう少し教えていただけますか？

情けなさ，絶望。こんな自分は生きていく資格がないと思います。

情けない。。。そんなふうにお感じになるんですね。

はい，人生どうでもいいと思い始めました

どうでもいい？　もう諦めたという感じなのでしょうか？

諦めてます。お金も仕事も家もないし，悲しんでくれる人もいない。

ご両親に何か言うとしたら，どんなことを言いたいですか？

とくに言いたいことはないです。

言いたいことが思い浮かばない？

はい。

今はどんなお気持ちですか？

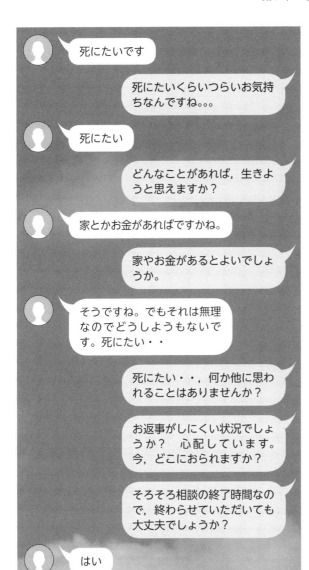

お返事ありがとうございます。ご相談くださってありがとうございました。この相談は○月○日までやっていますので，またご相談くださいね。お待ちしています。

■振り返り

　この相談員は，相談者の言葉を大切にする，相手より先に出ないようにするなどの点で言えば，これまでの３例に比して中立的な姿勢を守っており，相手の言葉を尊重しながら共感的に応答しようとしている。しかし，どんな気持ちなのかを尋ね，受容的に反射することを繰り返すなかで話題が移っていくばかりで，とどまるポイントがない。相談員からの問いかけによって，相談者は少しずつ強い表現で気持ちを吐露していったが，相談員の受けとめる姿勢が不十分であったために，絶望や諦めの気持ちをより強く意識させただけとなってしまったかもしれない。相談者の語りを促すような問いかけは，カウンセリングの序盤では有効に働くであろう。しかし，それを続けるばかりでは，相談者の心の扉を開くだけ開いて放置するような結果となってしまうリスクがある。扉を開くように促したのであれば，その後，扉を閉じて安全にセッションを終えるまで，相談員は責任を持って対応しなければならない。

　内省する力が相当に高い相談者であれば，このような対応でもうまく展開していくことはありうる。相談者の言葉を共有し，共感的に応答を重ねていくことで，相談者は自然に自身と向きあい，葛藤が生じ，そのなかから新たな気づきや気持ちの変化が生まれることもあるだろう。しかし，この相談者のように強い否定的な気持ちを抱えた状態にあれば，それほど簡単に考えが前向きに転じていくとは考えにくい。このような場合には，ただ気持ちを尋ねるだけでなく，相談者が感じている現在のネガティブな状態をまず認め，そこにとどまり抱えることが必要であろう。そのうえで，相談員の見立てを

もとに具体的な質問や，何らかの提案をしてみることも有効かもしれない。

　この事例では，相談員が問いを重ねることによって，相談者は「情けなさ」「絶望」「諦めてます」と，ネガティブな気持ちを続けて吐露していった。このようなことを言える場所がないと思われるこの相談者にとっては，それ自体，意味のあることであっただろう。だからこそ，相談員はこうした気持ちが表現されたことの意味を共に感じ，支持することが必要であったが，ここではさらに「両親に言いたいことは？」と問いを重ねることで，オープンにされた気持ちが置き去りになってしまっている。このようなプロセスが，相談者を「死にたい」という，より強い絶望の気持ちへと導いてしまった可能性がある。

　この事例は，傾聴や共感ということが，それほど簡単ではないということを示してくれている。中立的な立場をキープして，相談者が自由に表現できるように促していくだけでは心理カウンセリングとはならない。心理カウンセリングで専門家の対応が必要とされるのは，簡単には降りられない心の深みに降りていく作業がなされるためである。しかし，深みに降りた状態は日常生活とは異なる心理状態となるため，セッションを終えるときには，共に日常モードに戻ってくることも必要だ。相談者が自身を客観的に見つめ直したり，気持ちに変化が生じるとすれば，最後まで相談者が一緒についていてくれるという信頼感，安全感があってこそのことである。

6．まとめ

　本章で取り上げた事例は，どれも悪い点が比較的わかりやすいものである。そのため，「私はそんなことは言わない」「私はこんな対応はしない」などと思われた読者もおられるかもしれない。しかし，これらの事例に含まれたエッセンスは，誰にとっても他人事と言えるようなものではないだろう。日常場面で，親切がすぎてお節介をしてしまった，先入観で相手を誤解してしまったなどの体験は，多かれ少なかれ誰しも持っているものである。SNSカウンセリングも対人関係である以上，出過ぎてしまうこと，引き過ぎてし

まうことは誰にでも起こりうる。SNSカウンセリングは，相手の顔が見えないからこそのアクセスのしやすさがある一方で，相手の表情や雰囲気がわからないまま対話を進めなければならないという難しさがある。そのため，いかに多くの経験を積んだ相談員であっても，相手に添わない言葉をかけてしまうことや，ズレた応答をしてしまうことは実際によくある。つまり，すぐれた相談員とは，失敗をしない相談員ではない。ズレが生じた場面で，相談者の微妙な変化に敏感に気づき，すぐに訂正したり，話の切り口を変えたりしながら軌道修正をしていける人こそがすぐれた相談員なのだ。だからこそ，上記のような失敗例を素材とし，自身の対応に生じる小さなズレを敏感にとらえる感受性を高める訓練を，謙虚に積み上げていくことが重要となる。

　本章で取り上げた事例の相談員に共通しているのは，相談者の示すネガティブな状態を共に抱えようとする姿勢が弱い，という点である。ネガティブな話は，聞き手にとっても心理的な負担を強いる。特に，「死にたい」「もうダメだ」「意味がない」など，強いネガティブ表現は聞き手を巻き込む力を持っているため，聞き手は自身の不安を和らげるために慰めの言葉をかけたくなってしまう。裏を返せば，深い悲しみや絶望に陥っているとき，それをしっかり聴くことは，相当に難しいということだ。話を聴くということは日常的な行為でありながら，同時に高い専門性を必要とする。実際，家族や環境に恵まれている人であっても，周囲にネガティブな気持ちを話したり，共有してもらったりすることを難しく感じている相談者は多い。良好な関係であるからこそ，身近な人に負担をかけたくないという気持ちがわいてくることもある。SNSカウンセリングに限らず，心理カウンセリングを訪れる相談者は，悩みやトラブル，病気などによってすぐには解決が困難な状況にあり，気持ちが後ろ向きになっていることも多い。このような相談者を前にして，なんとか元気づけてあげたい，どうにか前向きに考えてくれないだろうか，などという気持ちがわいてくるのは自然なことであるが，「ネガティブな話ができる場所であること」が，SNSカウンセリングの重要な機能の一つであることを改めて認識しておくことが重要である。

　また，悩みやトラブルはないほうがよいことを前提としたうえで，ネガティブな気持ちや問題を抱えた状態が，本当にただ「悪い」ものなのかについても，考えてみる必要があるだろう。たとえば，失恋したときには，いつでもすぐに前を向いて忘れるべきなのか。誰かに慰めてもらって，なるべく早くもっと素敵な人を探しはじめるべきなのだろうか。おそらく多くの人は，失恋で傷ついて，しばらくの間落ち込んだ体験を，単純に悪いものとは体験していないだろう。泣いたり，怒ったり，不満を言ったり，自分のふがいなさに落ち込んだり……といった時間は，自分を振り返り，新たに踏み出すためのエネルギーを充填する。悲しみや怒りを体験するなかで，新たな自身の一面に気づいたり，何気ない日常や周囲の温かさに感謝する余裕が出てきたりもするかもしれない。こうしたことは，失恋を例に挙げればわかりやすいことと思われるが，いざカウンセリングとなると，早々に相談者をポジティブな状態にしてあげたいと思う相談員は多いように思われる。意識的に共感や傾聴，解釈，助言をしようとするあまり，不自然で無理のある応答になってしまうのかもしれない。

　これらを踏まえれば，SNSカウンセリングの相談員には，人がネガティブな状態から自然に回復していく力を持っていること，ネガティブな状態がしばらくの間続いたとしても，それはその後の変化や成長につながるものでありうるということを，多くの事例から学ぶ訓練過程が必要であろう。本書の他の章に示された事例には，「相談者の語りがいかにネガティブなものであっても，まずはそこにとどまり，ネガティブにならざるを得ない相談者を理解しようと努める」という相談員の態度が具体的に示されている。ネガティブな語りが続いても，まずはそこにとどまること，それが次の一歩を踏み出すための土台になることを知っていることは，相談員の専門性のひとつなのである。さまざまな事例に触れることで，人の心の奥深さ，多様さを知り，心の変化のプロセスに他者が関わるということについて，謙虚な姿勢で学び続けたい。

第8章 応答技法エクササイズ

1．はじめに

　相談員がどのように応答するかによって，相談者の次の語りは当然異なってくる。また，同じ局面においても，相談員の応答には無数の選択肢があるだろう。相談員はその無限の可能性のなかで，自らの心を生き生きと表現しながら，カウンセリングの目的に照らして適切かつ，効果的な応答を選択していかなければならない。

　周知のようにSNSカウンセリングは，非言語情報のやり取りがほぼないなかで，文字だけで行われるものである。非言語情報のやり取りを対面して行うカウンセリングでは有効な応答でも，それをそのまま文字にするだけでは，SNSカウンセリングでは不適切な応答になることもある。それゆえ，SNSカウンセリングならではの応答技法があると言える。SNSカウンセリングを行う相談員は，こうした応答技法を身につける必要がある（杉原・宮田，2018，2019）。

　また，相談員はただ漫然と会話するのではなく，カウンセリングの専門家として，一つひとつの応答を，意図を持って行わなければならない。SNSカウンセリングでは，相談員の応答はすべてログとして電子的に記録されるばかりか，相談者の端末にも保存される。そのため，うかつな応答による信頼失墜のリスクは，対面や電話でのカウンセリングよりもはるかに大きい。相談員はそれぞれの局面において有効な応答を工夫しつつ，なおかつ，なぜそのように応答をしたのかについての説明が可能でなければならない。そのた

め，相談員には応答の質を高める訓練が求められる。

　本章では，中学生と成人の事例をもとに，応答技法のエクササイズを行う。SNSカウンセリングでは，相談者からの応答があれば，即座の返信が求められる。できれば1分以内の応答を心掛けたい。そうした臨場感を持ちながら，これから提示する各場面で自分ならどのような応答をするのかを，記入欄に自由に書いてみてほしい。次いで，同場面での応答として4つの選択肢が提示されるので，どの応答がより妥当かを検討してみてほしい。そして，各問題の解説を参考に自分の応答パターンを振り返ってみていただければ幸いである。

2．応答技法エクササイズ①：自傷行為をしている事例

【問題1】

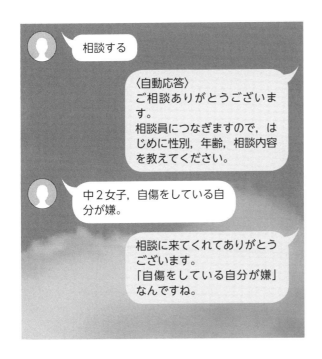

【あなたの応答を自由に書いてみましょう】

■以下の選択肢のなかから，妥当な応答を選んでください。

A．どうして自傷をしているんですか？

B．自傷は良くないですね。

　　どうしたらやめられるかを一緒に考えましょう。

C．そうなんですね・・・。

D．もう少しくわしく聞いてもいいですか？

　　言いたくないことは無理に言わなくても大丈夫ですよ。

■解説

A：自傷行為の理由を明確にすることは重要であるが，直接的すぎる尋ね方
　　である。「なぜ」「どうして」という質問は，相談者を責めているように
　　受け取られる可能性がある。質問するのであれば，「どんなときに自傷
　　したくなることが多いのでしょうか？」「自傷してしまうときには，ど
　　んな気持ちや思いが心に浮かんでいるのでしょうか？」など，自傷の理
　　由を推測することができる情報が得られる尋ね方が良いだろう。（×）

B：「一緒に考えましょう」という提案は良いが，「自傷は良くないですね」
　　といった良し悪しの判断を安易に下さないように注意したい。相談者
　　も自傷は良くないと思っているかもしれないし，それでもやめられな

い自分が嫌なのである。にもかかわらず，相談の当初から「自傷は良くないですね」と言われると，相談者は否定されたように感じて，相談から早々に離脱してしまうかもしれない。(×)

C：相談者が勇気を出して伝えてきた内容に対して，「相槌」のような短い応答だけを返すと，「真剣に話を聴いてくれていない」という疑念を相談者に抱かせるかもしれない。対面のカウンセリングでは，表情や声のトーンなどで真剣に聴いていることを伝えることができるが，SNSカウンセリングでは，真剣に聴いていることを意識的に文字にして伝えていく必要がある。(×)

D：自傷行為の程度や頻度，緊急性の高さなどを確認する必要はあるが，自傷行為のことを話すのは勇気のいることである。そのような内容を尋ねる際には，「言いたくないことは無理に言わなくても大丈夫」といった配慮や心配りが大切である。(○)

【問題2】

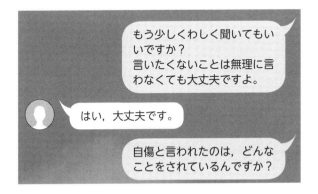

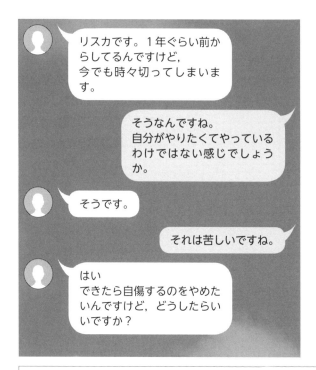

【あなたの応答を自由に書いてみましょう】

■以下の選択肢のなかから，妥当な応答を選んでください。
   A．自傷をやめたいんですね。
   B．輪ゴムを手首にまいておいて，切りたいときにパチンとする方法が
      ありますよ。
   C．一緒に考えていきましょう。
      今まであなた自身がやってみようと思ったこと，してきたことは何

　　かありますか？
　D．誰かにこのことを相談したりしましたか？

■解説

A：相談者は「どうしたらいいですか？」と相談員に助言を求めている。それに対して，「感情の反射」だけを返していては，相談者は自分一人で考えるよう突き放されたと感じて，失望してしまったり，答えをじらされているように感じて，イライラしてしまったりするだろう。むしろ，「自傷をやめたいんですね。どうすればいいか一緒に考えてみましょう」と伝えたほうが，相談者の質問に向き合っていることが伝わるだろう。（×）

B：相談員が具体的な助言をする場合，十分に相談者の話を聴いてからでないと，よくわかっていないくせに簡単に答えを出されたと受け取られることが多い。また，その内容がすでに相談者が知っているものであれば，「そんなこともう知っている」「この人も（親やネット情報と）同じようなことしか言わないのか」と，相談者を失望させてしまいやすい。そのため，早期の具体的な助言は避けたほうが良い。まずは，相談者の心理状態を理解するために，相談者の話を十分に聴くことが，自傷の相談においても大切である。（×）

C：「一緒に考えていきましょう」と伝えることで，相談者の質問に向き合っていることを伝えるとともに，カウンセリングは相談員が一方的に答えを与えるものではなく，相談者自身にも考えてもらう協働作業であることを伝えることができる。そして，相談者がやってみようと思っていること，すでに実行していることを尋ねることで，相談者の自助努力を支持することもできる。また，相談者がやってみようと思っていることと似たような提案を伝える場合でも，相談者の個別状況により適合した伝え方を工夫することもできるだろう。（○）

D：相談者は相談員に「どうしたらいいですか？」と尋ねているのであり，この場面で他の人に相談しているのかを尋ねると，相談者はたらい回しにされているように感じるかもしれない。また，「相談できていない自分が悪いのか」ととらえてしまうかもしれない。誰かに相談しているのかを尋ねる場合は，「つらいことはなかなか人に話しにくいと思うんだけど，誰かに話してみたりしたことはありますか？」などと尋ねるほうが良いだろう。（△）

【問題3】

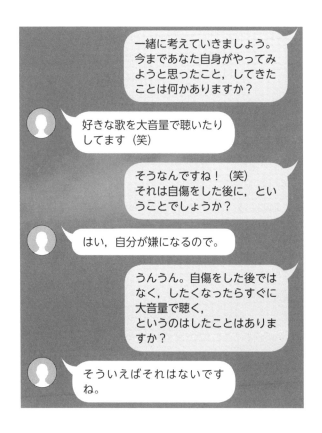

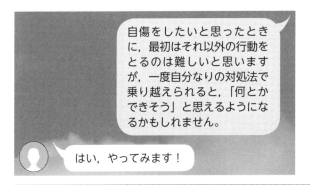

【あなたの応答を自由に書いてみましょう】

■以下の選択肢のなかから，妥当な応答を選んでください。
　A．それではやってみてくださいね。
　B．今，やってみることをイメージしてみて，何か気になることはありますか？
　C．はじめてのことにチャレンジするのは難しいものなので，うまくいかなくても自分を責める必要はありませんよ。そのときは，また一緒にどうすればいいか考えてみましょう。
　D．あなたはとても素直ですね。

■解説
A：相談者が「やってみます」と言っているので，その背中を押すことは良いことかもしれない。しかし，相談者が本心で言えているのかはわからないし，こうした対処法をとれずに自傷してしまったときに，相談者が自分を責めてしまうかもしれない。それでは，相談者をかえって追い詰

めてしまうことになる。相談者の背中を安易に押すのではなく，新しいことをすることにともなう不安などを尋ねるほうが良いだろう。(△)

B：相談をしているときは，相談者も本心で「やってみます」と思えているのかもしれない。しかし，人は誰でも初めての行動をとるときには，不安や躊躇が生じるものである。相談員は，相談者が実際に行動に移したときにどのような心情になるのか，どのようなことが起こりうるのかといったことに思いをはせる必要がある。不安や気になることを尋ね，相談者の思いを十分に聴きとるほうが，実際の行動に移す助けになるだろう。(◎)

C：「はじめてのことにチャレンジするのは難しいものなので」と伝えて，うまくいかない場合があるのはあなただけではない，というニュアンスを付け加えている。失敗しても責められないという安心感を持ってもらい，うまくいかなければ気軽に相談してもらえるようにしている。(○)

D：相談員にとって，相談者がこちらの提案を受け入れてくれることは嬉しいことであり，相談者を褒めたくなったりするかもしれない。しかし，これは誰のための，何のための発言なのかを考える必要がある。ここで言う「素直」とは，「あなたは私の言うことを聞いて素直ですね」ということである。この言葉には，上下関係のニュアンスが含まれていて適切ではない。相談員は，この言葉をこの場面で相談者に伝える意図は何なのか，常に自問しなければならない。(×)

3．応答技法エクササイズ②：不安障害で悩む事例

【問題4】

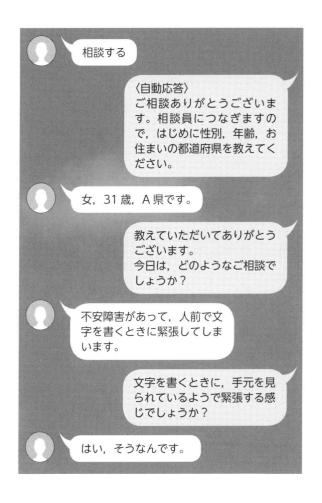

【あなたの応答を自由に書いてみましょう】

■以下の選択肢のなかから，妥当な応答を選んでください。

A．あぁ～，それで緊張されるんですねー。つらいですね～。

B．私も手元を見られると，手が震えてしまいます。

あれって，緊張しますよね。

C．緊張されるのも，つらいですね‥。

不安障害と言われていましたが，どんな症状があるのか，くわしく
教えてもらってもいいですか？

D．意外と，相手はこっちを見てないことも多いですよ。

不安になったときは，思い切って相手を見てみたらどうでしょう
か。

こっちを見てないとわかると，安心できると思います。

■解説

A：SNSカウンセリングでは，「～」や「ー」という記号，または「あぁ」
といった表現の使用には慎重になる必要がある。相談員が気持ちを込め
て，「あぁ，つらかったんだね～」と言ったつもりでも，相談者はその
文字を見て，軽んじているニュアンスを受け取るかもしれない。SNSカ
ウンセリングでは，相談員は自分の応答を「相談員の声」で読んでいる
が，相談者はそれを「相談者の声」で読むことになる。こちらの文面を
どのようなニュアンスで読むのかは，相談者に委ねられるのである。そ
のために，誤解を招きやすい表現は慎むほうが賢明であろう。(×)

B：相談員は，共感のつもりで言っているのかもしれないが，「私も○○で」
　　などと言われると，相談者は自分の悩みの相談なのに，相談員の悩みを
　　聞かされたように感じるかもしれない。うまくいけば「相談員さんもそ
　　うなんですか！」と親近感を持ってもらえるかもしれないが，「相談員
　　さんはそういうとき，どうしてるんですか？」などと聞かれ，個人的な
　　助言に終始してしまうかもしれない。そしてそのとき，相談者の心理状
　　態については，詳しくわからないまま相談が進むことになる。こうした
　　関わりは，相談者の心理状態をより深く理解することの妨げになること
　　が多いので注意されたい。（×）

C：「感情の反射」と「質問」を組み合わせて送ることは，SNSカウンセリ
　　ングの定番的な応答である。「感情の反射」をして相談者に寄り添いな
　　がら，相談者の心理状態を理解していくための「質問」を行う。本事例
　　では不安障害があるとのことなので，「人前で文字を書くときに緊張す
　　る」ということに話題を限定せず，まずは不安障害の症状を詳細に尋ね
　　ていく。（○）

D：相談者のことをよく理解できていない段階で，一般的な助言をするのは
　　望ましくない。安易な助言によって，相談者の表現を滞らせてしまう可
　　能性がある。また，こうした助言に対する相談者の反応は，多くの場合
　　「でも・・」といったものになりがちである。（×）

【問題5】

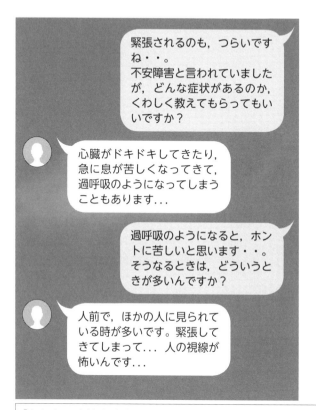

【あなたの応答を自由に書いてみましょう】

■以下の選択肢のなかから，妥当な応答を選んでください。
A．緊張してくる気持ち，もう少し話せますか？
また，視線が怖いって，どういう怖さでしょうか？
B．お医者さんに相談するのが良いと思いますが，病院受診はされていますか？
C．人の視線が怖いんですね‥
そういう気持ちは，いつぐらいからおありだったんですか？
D．見られている緊張感や怖さが，すごくおありなんですね‥
人前で字を書くときなど，人に見られているときは，どんな考えが頭をよぎっていますか？

■解説

A：SNSカウンセリングでは，対話を促す「質問」は有用である。しかし，一度に複数の質問をしてしまうと，相談者の負担感を高めやすいうえに，相談者が１つ目の質問に答えていくうちに話が進んでしまい，いつの間にか２つ目の質問が置き去りにされがちである。それゆえ，質問は一度に１つが原則である。(×)

B：相談者は「不安障害」であると述べており，また過呼吸の症状もあることから，病院受診の有無や投薬を受けていれば，その効果を尋ねることも重要である。しかし，相談の開始時点では，病院受診などの現実的対処について検討を始めるよりも，まずは相談者の心理状態をしっかりとアセスメントする必要がある。そのうえで，面接の中盤において，「このことを，どこかに相談されたりしていますか？」と尋ねるほうが良いだろう。(△)

C：「人の視線の怖さ」が，いつからどのように生じているのかは重要な情報であり，このような質問をするのは大事なことである。しかし，この

段階で尋ねると，話題が過去の事柄に移り，現在の問題から焦点がズレ
てしまう危険性がある。まずは現在の心理状態のアセスメントを優先し
たい。そのため，この質問はその後でしたほうがより適切だろう。(○)

D：緊張感や視線の怖さといった「感情」の背景にある「認知」を尋ねる。
相談者に特有の「自動思考」が明確になれば，今後の介入のポイントを
絞りやすくなる。(◎)

【問題6】

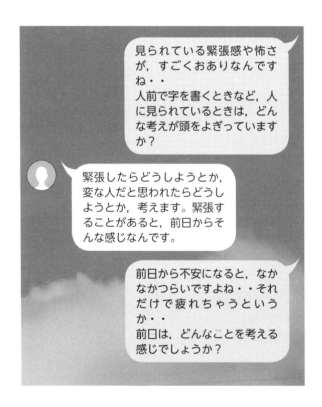

明日はどうしようとか。初対面の人と会うけど，もうやめとこうかとか，一人でグルグルと考えてしまいます。

そのときは，どんなことが心配で，やめたくなる感じですか？

初対面の人だし，うまく話せるかなとか。

うんうん・・心配なことがどんどん出てきてしまうような・・

はい。。勇気をだして実際に行くと，何とかなるんですけどね。

なるほど，勇気を出して行ってみると，意外と大丈夫なこともあるんですね。

そうなんです。意外と笑顔で話せたり，自分でも何なんだって，突っ込みたくなります。

自分でも「何なんだ」って思うけど，でも，直前になるとやっぱり不安なほうに考えてしまうような・・

そうなんです。その繰り返しなんです。

【あなたの応答を自由に書いてみましょう】

■以下の選択肢のなかから，妥当な応答を選んでください。

A．でも，そういう自分にちゃんと気づけているのは，私は素晴らしいと思いますよ。

B．そのループから，なんとか抜け出すということが，ひとつの目標になりますか？

C．そうしたマイナス思考を，どうやってプラス思考に変えていくかを考えましょうか。

D．お聞きしていて感じたのですが，「変な人だと思われたら，どうしよう」「うまく話せなかったら，どうしよう」など，「○○になったら，どうしよう」という考え方のパターンが多い感じですか？

■解説

A：杉原・宮田（2018）は，「困難な状況の中での相談者の努力・工夫をはっきりと認め，肯定する」ことが重要だと述べているが，同時に「肯定・承認」を行う際は，安易なお世辞にならないように注意を喚起している。Aのような応答では，相談者は自分の思いに反論されたように感じ，「そうでしょうか？　でも，うまくいきません」と再反論される可能性が高くなるだろう。相談者がネガティブな気持ちを表現している際に，それを唐突にポジティブな方向に向けるような応答には注意が必要である。（×）

B：この応答は，今回の相談における「目標の共有」（宮田，2019）をしよ

うとする応答である。相談者の陥りがちな悪循環のループを明確化し，そのループから抜け出すために話し合うことを提案している。妥当な応答のひとつと言えるだろう。（○）

C：この応答も「目標の共有」を目指したものであるが，マイナス思考という「負のレッテル」を相談者に貼りつけている印象がある。また，「プラス思考が良い」という価値観を押しつけるものであり，マイナスに考えがちな相談者を否定することにもなりかねない。（×）

D：この応答は，相談者の「考え方のパターン（認知）」を明確化する応答である。相談者も自分のこうしたパターンに気づきやすくなり，またこのパターンを変えていくことを目標として共有しやすくなるだろう。（◎）

4．おわりに

　SNSカウンセリングには，気軽にアクセスできるという特徴があると同時に，容易に離脱できるという特徴もある。実際，相談の開始当初に離脱が生じやすく，はじめの15分でいかに相談者からの信頼を得られるかに，相談の成否がかかっていると言っても過言ではない。そのために，今回の応答エクササイズでは，面接の開始時点を中心に扱っている。
　われわれが示した選択肢以外にも，多様な応答が可能であろう。相談員が拠って立つカウンセリングの学派によっても，違いが生じてくるだろう。カウンセリングの応答には，唯一の正解など存在しない。今後，SNSカウンセリングをさらに発展させていくためには，それぞれの局面においてどのような応答が望ましいのかを，多様な観点で検討していく姿勢が求められる。

【文献】
杉原保史・宮田智基（2018）SNSカウンセリング入門——LINEによるいじめ・自殺予防相談の実際．北大路書房
宮田智基（2019）SNSカウンセリングの進め方と基本スキル．杉原保史・宮田智基（編著）SNSカウンセリング・ハンドブック．誠信書房

おわりに

　2020年，私たちの生活は一変しました。新型コロナウイルスの感染拡大により，緊急事態宣言が発令され，外出自粛や教育機関の休校措置など，さまざまな変化を私たちは体験しています。今後も「新しい生活様式」が求められ，心理臨床の世界も大きな影響を受けざるを得ません。

　対面カウンセリングを行うことが困難になる状況のなか，SNSカウンセリングのニーズはさらに高まることになりました。突然の休校に戸惑う子どもたちへの心理支援として，多くの自治体が小中高生対象のSNS相談を拡充しました。SNS相談の期間を前倒しにして始めたり，相談期間を延長したり，相談員を増員するなどの措置が講じられました。また，一般市民を対象にしたコロナ対策SNS相談を開設し，コロナ禍にある人々の心理支援を行っている自治体もあります。対面カウンセリングは，「密」を生じさせやすい状況にあるだけに，新たな心理支援の方法として，SNSカウンセリングが注目を集めています。

　SNSカウンセリングは，当初はいじめ相談から始まり，自殺対策相談，ひきこもり相談，子育て相談，女性相談，虐待相談，企業のメンタルヘルス，コロナ禍の心理支援など，さまざまな領域に急速に広がりつつあります。SNSカウンセリングにはどのような相談が寄せられ，どのような対話が展開し，どのように相談者の支援に役立つのか。本書は，そうしたSNSカウンセリングの実際を，多くの皆様にお伝えすることを目的にしています。

　執筆者は，SNSカウンセリングの経験豊富なメンバーによって構成されています。そのなかでも，公益財団法人関西カウンセリングセンターのSNS相談主任相談員は，日々ニーズの高まりを見せるSNS相談の現場で，相談者に向き合い続けている者たちです。本書の事例はいずれも架空事例ではありますが，密度の濃い臨床経験に基づいて作成されており，現場の臨場感をお感じいただけたのではないでしょうか。

　本書は，いわば「SNSカウンセリングの逐語記録集」です。ページの右側には解説スペースを設けて，相談員が考えていたことやSNSカウンセリングならではの工夫などを記載しました。相談員が，どのような目的感覚や意図性の持っていたのかを，つぶさに見ていくことができます。それは，SNSカウンセリングにとどまらず，他の心理支援においても汎用性があるものになっています。

　本書を読む際に，注意していただきたいことがあります。本書に示したやり取りは，さらっと読み進めてしまいがちですが，それだけではSNSカウンセリングのトレーニングにはなりません。相談員の応答は，相談者からのメッセージが届き次第，1分以内の応答を目指して即座に練り上げられたものであり，大変な緊張感のなかで積み重ねられた応答です。漫然と読み進めるのではなく，相談者からのメッセージごとに「自分ならどこに焦点をあて，どのような応答を返すのか」と，思案しながら読んでいただくことをお勧めします。第8章「応答技法エクササイズ」では，そうしたトレーニングを意図して，ワーク形式の問題を作成しました。現場で格闘する相談員達の緊張感が，感じられるものになっていることを願います。

　最後に，SNSカウンセリングの役割について考えてみたいと思います。コロナ禍では，対面カウンセリングを行うことが困難な状況が続き，Zoomなどのビデオ通話システムを介したオンラインカウンセリングが急速に広がりました。SNSカウンセリングも，広義にはオンラインカウンセリングに含まれますが，狭義にはオンラインカウンセリングとは，ビデオ通話システムを介したカウンセリングを指しています。この狭義のオンラインカウンセリングとSNSカウンセリングには，その対象者と役割に違いがあるように感じています。

　現状では，オンラインカウンセリングは，これまで対面カウンセリングを行ってきた相談者を対象に，コロナ禍における一時的な代替案として行われていることが多いように思います。もっとも，オンラインカウンセリングはコロナ禍以前から行われており，地理的な制約も受けず，カウンセリングルームに通う必要もないことから，その対象者は対面カウンセリングよりも

幅広いものと思われます。今後，オンラインカウンセリングの有効性が再検討され，対面カウンセリングの単なる代用品ではなく，オンラインカウンセリングの積極的な価値が見出されていくことが期待されます。

　しかし，それでもなお，オンラインカウンセリングの対象者層は，対面カウンセリングの対象者層と，比較的重複するように思われます。予約申し込みを行い，ビデオ通話によるface to faceの相談をしようすることには，一定の心理的ハードルがあり，対面カウンセリングの対象者と同程度の動機づけが必要になると考えられます。

　一方，SNSカウンセリングには，対面カウンセリングやオンラインカウンセリングに比して，より幅広い層からの相談が寄せられます。重篤な精神疾患を有している成人の相談者から友人関係や恋愛で悩む小学生まで，非常に幅広い対象者が相談に訪れます。SNSカウンセリングは，対象者の裾野を大幅に広げることに成功したと言えるでしょう。スマートフォンを通して手のひらから繋がるSNSカウンセリングは，対面カウンセリングやオンラインカウンセリングに比べて気軽に相談ができ，アクセスのしやすさが最大の強みだと言えます。厚生労働省は，自殺対策事業の一環としてSNS相談事業を推進しており，そのうちのある相談アカウントには，2020年7月現在，12万人を超える友だち登録がなされています（特定非営利活動法人　自殺対策支援センターライフリンク　SNS相談アカウント「生きづらびっと」）。こうした数字は，SNSカウンセリングの社会的ニーズの高さを如実に物語っています。そして同時に，この数字は相談員が担う期待と責任の大きさをも示しています。

　SNSカウンセリングは，対象者の裾野を大幅に広げました。そのため，SNSカウンセリングは多くの人たちにとって，「はじめてのカウンセリング体験」となる可能性が高いものとなっています。その体験の良否が，今後，相談者がカウンセリングを求めるかどうかをわけるものになりかねません。その体験が良いものであれば，継続的なカウンセリングを求めたり，その後の人生において心理的困難に遭遇した際に，カウンセリングを求めるきっかけとなったりするでしょう。しかし，その体験が悪いものであれば，カウン

セリングに対する期待は裏切られ，最初で最後のカウンセリング体験になってしまうかもしれません。

　SNSカウンセリングは，相談者にとってアクセスのしやすいものであるだけに，その役割はさらに大きなものになります。相談員には，そうした期待や責任に応えるべく，日々の研鑽が求められます。本書がそうした研鑽に寄与し，ひいては相談者の福祉に貢献するものになることを切に願います。

　　2020年7月1日

宮田智基

■監修者紹介

杉原保史（すぎはら　やすし）
1989年　京都大学大学院教育学研究科博士課程単位取得退学
現　在　京都大学学生総合支援機構教授，教育学博士，公認心理師，臨床心理士
主著書　『プロカウンセラーの共感の技術』創元社　2015年，『キャリアコンサルタントの
　　　　ためのカウンセリング入門』北大路書房　2016年，『ポール・ワクテルの心理療
　　　　法講義』（監訳）金剛出版　2016年，『心理カウンセラーと考えるハラスメントの
　　　　予防と相談』北大路書房　2017年，『SNSカウンセリング入門』（共著）北大路書
　　　　房　2018年，『統合的心理療法と関係精神分析の接点』（監訳）金剛出版　2019
　　　　年，『SNSカウンセリング・ハンドブック』（共著）誠信書房　2019年，『SNSカ
　　　　ウンセリング・トレーニングブック』（共編著）誠信書房　2022年　ほか

■編著者紹介

宮田智基（みやた　ともき）
1999年　関西大学大学院社会学研究科博士課程前期課程修了
現　在　帝塚山学院大学大学院教授，公益財団法人関西カウンセリングセンター非常勤講
　　　　師，公認心理師，臨床心理士
主著書　『SNSカウンセリング入門』（共著）北大路書房　2018年，『SNSカウンセリン
　　　　グ・ハンドブック』（共著）誠信書房　2019年，『対人関係精神分析の心理臨床』
　　　　（共著）誠信書房　2019年，『SNSカウンセリング・トレーニングブック』（共編
　　　　著）誠信書房　2022年

畑中千紘（はたなか　ちひろ）
2008年　京都大学大学院教育学研究科博士課程単位取得退学
現　在　京都大学大学院教育学研究科附属臨床教育実践研究センター准教授，教育学博
　　　　士，公認心理師，臨床心理士
主著書　『話の聴き方からみた軽度発達障害』創元社　2011年，『発達障害への心理療法的
　　　　アプローチ』（共著）創元社　2010年，『大人の発達障害の見立てと心理療法』
　　　　（共著）創元社　2013年，『発達の非定型化と心理療法』（共著）創元社　2016
　　　　年，『SNSカウンセリング・ハンドブック』（共著）誠信書房　2019年，『SNSカ
　　　　ウンセリング・トレーニングブック』（共編著）誠信書房　2022年

樋口隆弘（ひぐち　たかひろ）
2017年　関西医科大学大学院医学研究科医科学専攻発達小児科学博士課程修了
現　在　関西医科大学総合医療センター小児科心理士，大阪総合保育大学大学院非常勤講
　　　　師，医学博士，公認心理師，臨床心理士，保育士，SNSカウンセラー，アニマル
　　　　セラピスト，アロマハンドセラピスト

主著書 『子どもの発達検査の取り方・活かし方』誠信書房　2021年，『SNSカウンセリング・トレーニングブック』（共編著）誠信書房　2022年

■**著者紹介**（執筆順，所属は2020年6月現在）

【はじめに，第1章，第2章（編集），第2章4】
杉原保史（すぎはら　やすし）
〈監修者紹介参照〉

【第2章（編集），第2章2，第4章5，第5章（編集），第8章】
宮田智基（みやた　ともき）
〈編著者紹介参照〉

【第2章3】
上野大照（うえの　ひろあき）
オフィス・コミュニケーションズ代表，日本ブリーフセラピー協会認定ブリーフセラピストシニア，さくメンタルクリニック顧問，公認心理師

【第3章（編集），第7章】
畑中千紘（はたなか　ちひろ）
〈編著者紹介参照〉

【第3章2】
花木敬子（はなき　けいこ）
Kei'sカウンセリングオフィス代表，公益財団法人関西カウンセリングセンターSNS相談主任相談員，2級キャリアコンサルティング技能士，公認心理師，学生相談カウンセラー，SNSカウンセラー

【第3章3，第4章（編集），第6章（編集），第8章（編集）】
樋口隆弘（ひぐち　たかひろ）
〈編著者紹介参照〉

【第4章2】
藤崎恵子（ふじさき　けいこ）
公認心理師

【第4章3】
楠本幹夫（くすもと　みきお）
公益財団法人関西カウンセリングセンターSNS相談主任相談員，公認心理師，SNSカウ

ンセラー

【第4章4】
伊藤吉美（いとう　よしみ）
　公益財団法人関西カウンセリングセンターSNS相談主任相談員，スクールソーシャル
　ワーカー，社会福祉士，公認心理師，SNSカウンセラー

【第5章，第6章】
高間量子（たかま　りょうこ）
　公益財団法人関西カウンセリングセンター理事長，公認心理師，SNSカウンセラー

えすえぬえす
ＳＮＳカウンセリング・ケースブック
　　　　　じれい　まな　しえん　ほうほう
──事例で学ぶ支援の方法

2020 年 9 月 5 日　　第 1 刷発行
2023 年 6 月30日　　第 4 刷発行

監 修 者	杉	原	保	史
編 著 者	宮	田	智	基
	畑	中	千	紘
	樋	口	隆	弘
発 行 者	柴	田	敏	樹
印 刷 者	藤	森	英	夫

発 行 所　株式会社　誠 信 書 房

〒112-0012 東京都文京区大塚3-20-6
電話 03(3946)5666
https://www.seishinshobo.co.jp/

SNSカウンセリング・ハンドブック

杉原保史・宮田智基 編著

SNS相談実績のある執筆陣がSNSカウンセリングに必要な知識・技法を紹介。需要がますます増える相談員の研修に最適なテキスト。

A5判並製　定価(本体2600円＋税)

SNSカウンセリング・トレーニングブック

杉原保史・宮田智基・畑中千紘・
樋口隆弘・鈴木優佳 編著

SNSカウンセラーのスキルアップに最適のワークを厳選。SNS画面に似せて示した事例や応答技法エクササイズで模擬訓練ができる。

A5判並製　定価(本体2700円＋税)